HEYNE
BÜCHER

W0253011

Schmutzige Witze

... die nur Männer sich erzählen

Herausgegeben von Ulrich Hoppe

Originalausgabe

WILHELM HEYNE VERLAG
MÜNCHEN

HEYNE ALLGEMEINE REIHE
Nr. 01/8193

Copyright © 1991
by RTS Verlag Jürgen Zimmermann, München
Wilhelm Heyne Verlag GmbH & Co. KG, München
Printed in Germany 1991
Umschlagzeichnung: Manfred Deix
Illustrationen: Manfred Deix
Umschlaggestaltung: Atelier Ingrid Schütz, München
Gesamtherstellung: Presse-Druck, Augsburg

ISBN 3-453-04596-3

Inhalt

I

**»Ach Mutti ...
Dieses Tutti Frutti
macht mich
ganz kaputti!«**

Der junge Ehemann kommt pünktlich mit dem Bus aus dem Büro nach Hause. Bevor er den Schlüssel ins Schloß stecken kann, schwingt die Tür auf: In durchsichtigen Dessous fällt seine hübsche Frau vor ihm auf die Knie, reißt mit den Zähnen seinen Reißverschluß auf. Während er noch schnell die Tür hinter sich zuklappt, stürzt sie sich wie ein liebeshungriges Tier auf seine empfindlichste Stelle.

Kaum ist alles vorbei, hängt er den Mantel auf den Bügel, bringt seine Hose wieder in Ordnung und nickt der noch immer knienden Liebsten aufmunternd zu: »Nun sag's schon — was hast du diesmal mit unserem Auto angestellt?«

Frage: Was hängt in Afrika in den höchsten Bäumen, ist grün und wabblig, und selbst Tarzan schwingt sich in großem Bogen darum herum?

Antwort: Igittigitt, das ist der Sabber-Sabber von den Giraffen!

Schorschi stürmt in die Toilette, die gespreizten, heftig flatternden Hände hoch über dem Kopf. Er bittet den verwunderten Toilettenmann, ihm bei einem kleinen Geschäft zur Hand zu gehen. Der tut es gern, aber will hinterher unbedingt wissen, was mit den Händen passiert ist.

»Schrecklich«, stöhnt Schorschi verzweifelt auf, »dieser blöde Nagellack will einfach nicht trocknen ...«

Neulich in der Schwarzwald-Klinik:
Oberschwester: »Entschuldigen Sie, Herr Doktor ...«
Doktor, zerstreut: »Ja bitte.«
Oberschwester: »Was Sie da hinter Ihrem Ohr haben, Pardon!, ist leider das Thermometer ...«
Doktor, entsetzt: »Und welches Arschloch hat jetzt meinen Kugelschreiber?«

Bei einer spiritistischen Sitzung nimmt die Witwe Kontakt mit ihrem verstorbenen Mann auf. »Wie geht's?« — »So lala ...« — »Was treibst du den ganzen Tag?« — »Ach, immer nur Sex. Von früh bis spät rauf, rein und runter.« — »Bist du im Himmel oder in der Hölle gelandet?« — »Weder noch. Ich bin jetzt Kaninchen in der Lüneburger Heide.«

Die immergrüne Ferkelei aus der ›Gartenlaube‹ von Anno 1894:

»Unerhört! Sie werben um mich und haben doch zweien mir bekannten Damen ewige Liebe und Treue geschworen!«

»Aber bitte — nicht gehalten, meine Gnädige!«

Beim Rodeo in Texas schlägt Jimmy alle Rekorde. »Wo haben Sie das bloß gelernt?« wird er von den Reportern gefragt.

Jimmy zuckt die Achseln: »Bei meiner Frau. Sie hat seit vierzehn Jahren Schluckauf.«

Während der kirchlichen Trauung denkt der nervöse Bräutigam einfach nicht daran, die Ringe hervorzuholen. Der Pfarrer gestikuliert ihm zu — deutet mit ungeduldigen Handbewegungen an, wie man einen Ring auf den Finger steckt.

Darauf die Braut errötend: »Aber Hochwürden, doch nicht hier vor allen Leuten!«

Was hat der Meteorologe von der ›Wetterkarte‹, der Schnee voraussagt, mit einem schönen Mädchen gemeinsam, das mit dem neuen Freund zum erstenmal ins Wochenende fährt?

Beide haben nicht den blassesten Schimmer, wie viele Zentimeter zu erwarten sind.

Warum ist kein Zeppelin vor Elefantenbullen sicher?

Tja, was sollen sie denn sonst beim Safer Sex als Kondome benutzen?

Ein Betrunkener taumelt ins Taxi, läßt sich in den Rücksitz fallen, beugt sich zum Fahrer vor und erkundigt sich höflich lallend, ob vorn beim Beifahrersitz Platz für eine Pizza und einen Sechser-Pack Bier sei.

»Na klar doch«, bejaht der Taxichauffeur und weist einladend neben sich.

»Danke«, gurgelt der Fahrgast, schießt mit dem Kopf über die Lehne und übergibt sich zielsicher.

Für eine schonungslose Sexualaufklärung ist es nie zu spät. Aus den Flitterwochen ruft Klaus bei RTL plus an und wird im Studio zur livehaftigen Sexpertin Erika Berger durchgestellt.

»Hier ist der Klaus«, meldet er sich mit Kloß im Hals und klagt sein Leid. »Helfen Sie mir, Frau Berger! Was habe ich bloß zu tun, ich meine, ganz konkret, damit ich mit meiner Frau so eine richtige Hochzeitsnacht erleben kann?«

»Ganz ruhig, Klaus«, lächelt Erika Berger in die Fernsehkamera. »Alles nur halb so schlimm. Nun nehmen Sie Ihren kleinen Süßen, an dem Sie schon als Kind herumgespielt haben — und hinein damit, wo Ihre Frau Wasser läßt! — Noch Fragen, Klaus?«

»Nein«, atmet Klaus befreit auf, verabschiedet sich eilig.

»Und was hat Erika Berger gesagt?« fragt ihn Claudia gebannt, die neben ihm im Hotelbett liegt.

»Es muß sein, mein Schatz«, preßt er hervor und reißt ihr seinen zerknuddelten Teddybären aus den Armen. Mit Tränen in den Augen rennt er ins Bad, schleudert

sein heißgeliebtes Kuscheltier ins Klobecken, wie ihm Erika Berger geraten hat, und drückt die Spülung!

Weswegen badet sich Miss Piggy mindestens der Woche zween in Essig und Honig?

Weil Kermit nun mal voll auf ›Schwein süßsauer‹ abfährt.

Im Schloß am Wörthersee bekommt Rita ein Fax aus dem Büro. »Genieße deinen Urlaub unbeschwert. Deine Arbeit haben wir perfekt aufgeteilt. Monika kocht den Kaffee, Ute löst die Kreuzworträtsel, und Sabine geht mit dem Chef ins Bett.«

Zwei Frauen stehen vor dem offenen Grab ihrer Freundin, die dreizehnmal verheiratet war.

»Jetzt sind sie endlich zusammen«, seufzt die eine.

»Welchen von ihren verstorbenen Männern meinst du denn?«

»Keinen«, folgt die Antwort. »Ich meinte ihre Beine ...«

Tief in der Nacht geht die Tür. »Verdammt, mein Mann!« schreckt Yvonne hoch und scheucht ihren Liebhaber aus den Federn.

»Jetzt ist der Augenblick gekommen«, feuert sie ihn an, »zu beweisen, was für ein ganzer Kerl du wirklich bist.«

»Wie«, zuckt der Hausfreund zusammen, »ihm auch?«

Die taufrisch und brandaktuell gebliebene alte Kamelle aus den ›Fliegenden Blättern‹ von Anno 1906:

Fatale Zerstreutheit.

Onkel: »Wo hast du deinen neuen Überzieher?«

Studiosus (hastig in der Westentasche suchend): »Meinen Überzieher ... ja meinen Überzieher! ...«

Zwerg Laurin kehrt aus dem Nudistenurlaub zurück.

»War's schön am FKK-Strand?« wird er von seinem Wichtelkumpel ausgehorcht.

»Der pure Horror, kann ich dir nur sagen«, verdreht Zwerg Laurin die Augen. »Anfangs dachte ich glatt, mein Flugzeug wäre nach Havanna entführt worden.«

»Wieso?«

»Na ja, jeder Nackte, den ich da traf, sah wie Fidel Castro aus.«

Rambo kommt zum Arzt, er hat sich auf der Jagd die Hand verletzt. Lässig winkt er ab, als ihm der Arzt eine Beruhigungsspritze geben will.

»Nicht nötig. Ich bin schon mit viel schlimmeren Schmerzen fertiggeworden.«

Kopfschüttelnd deutet der Doktor auf die blutverschmierten Finger. »Also ich weiß wirklich nicht, was noch mehr schmerzen soll als das hier.«

»Okay«, rückt Rambo mit der Sprache heraus. »Zuerst erzähle ich Ihnen von meinem zweitgrößten Schmerz. Ich war jagen wie heute, mußte plötzlich mal. Also Hose runter und los. Aber kein Platsch, Doc …«

»Sondern?«

»Peng! Ich traf genau auf eine Bärenfalle, die mir um ein Haar die Nüsse zerquetschte.«

»Großer Himmel«, entfährt es Doc. »Und was war noch schlimmer … noch schmerzpeinigender als so was?«

»Als ich auf das Ende der langen Kette scheißen wollte«, antwortet Rambo, ohne mit der Wimper zu zucken.

Was gibt der Tierpfleger im Zoo einem Elefanten, der Durchfall hat?

Weiten Auslauf!

Eberhard läßt sich vom Teufel höchstpersönlich durch die Hölle führen. In einer anheimelnd schummrigen Halle tummeln sich die tollsten nackten Frauen — zwischen nicht zu zählenden Weinflaschen.

»Klasse«, jubelt Eberhard und will gleich los.

»Freu dich nicht zu früh«, bremst ihn der Leibhaftige mit einem satanischen Schmunzeln. »Siehst du die Flaschen da? Sie haben alle ein Loch unten. Siehst du die Frauen dort? Sie haben alle — keins.«

Was ist ein 72er?
69 mit drei Spannern.

Tobias, 17, braucht eine Brille, aber er steht auf Hard 'n Heavy, und weil Metal-Hardrocker nicht mal Kontaktlinsen tragen dürfen, will auch er auf Sehhilfen unbedingt verzichten.

Beim Sonntagsspaziergang kommt sein Dad wieder auf das leidige Thema. »Sei doch nicht so behämmert, mein Junge. Mensch, heutzutage gibt es so coole Brillenmodelle.«

»Nicht für mich«, lehnt Tobias ab. »Wozu? Ich sehe total verschärft — zum Beispiel den Hund dahinten, der auf uns zu rennt. Ich kann genau erkennen, daß er nur ein Auge hat.«

»Tobias«, läßt der Vater zischelnd Dampf ab, »dieser Hund kommt nicht auf uns zugerannt, sondern entfernt sich von uns.«

»Und was ist mit dem einen Auge?«

»Das ist sein Arschloch. Verstehst du endlich, du abgefuckte Blindschleiche?«

Klartext auf der nächtlichen Parkbank:

»Also«, schnaubt die Punkerin verächtlich, »deinen Schwanz solltest du so schnell wie möglich patentieren lassen.«

»Patentieren, Baby?«

»Yeah — zur Nachahmung nicht empfohlen ...«

Wenn Tarzan und Jane Österreicher wären — was wäre dann Cheetah?

Eine wahre Intelligenzbestie ...

Was steckt dahinter, daß im Telefonnetz von ganz Ostfriesland kein einziger Anschluß zwei aufeinanderfolgende Einsen aufweist?

Jahrzehntelange Erfahrung. Der Ostfriese muß erst noch geboren werden, der auf der Wählscheibe die Elf findet.

Wie definiert der Sexist vom Dienst — Lesbierin?

»Auch nur eine von diesen verdammten Weibern, die uns die Arbeitsplätze wegnehmen.«

»Was ist das für ein Gefühl, ohne Augenlicht geboren worden zu sein?« wurde Stevie Wonder von einem einfühlsamen Reporter gefragt.

»Es hätte mich noch viel böser treffen können«, erwiderte Stevie Wonder auflachend. »Ich hätte als Schwarzer auf die Welt kommen können, y'unnastand?«

Zwei junge, kräftige, hochaufgeschossene Mohrrüben wollen die Autobahn überqueren. Ein Porsche schießt heran. Zu spät. Die eine Karotte kann nicht mehr zur Seite springen, wird überrollt. Der Rettungshubschrauber bringt die schwerverletzte Rübe ins Krankenhaus.

»Wie geht's meinem Freund?« erkundigt sich die andere Mohrrübe am nächsten Tag beim Chefarzt.

»Wir kriegen ihn schon wieder hin«, beruhigt sie der Arzt. »Aber ehrlich gesagt — für den Rest seines Lebens wird Ihr Freund nur noch ein Pamps sein.«

Welche Worte hatte die knackige Pornodarstellerin laut Drehbuch auswendig lernen müssen und mit überzeugendem Entsetzen in die Kamera zu schreien, wenn der Tausendfüßler in Großaufnahme über ihre Brüste trampelte?

»Nein, nein — tausendmal nein!«

Hugo Egon trifft auf seinem Fern-Trip auf eine Exotin, die sich blitzschnell vor seinen Augen die Bluse herunterreißt. Er ist völlig baff — das Mädchen hat rechteckige Titten.

»Gib's doch nicht«, reibt sich Hugo Egon ungläubig die Augen.

»Na hören Sie mal, Herr Balder«, kann sich da das hübsche Mädchen nur wundern, und zwar in perfektem Deutsch, ganz ohne Akzent. »Sie mit Ihrer Tutti-Frutti-Show jeden Sonntagabend auf RTL plus müßten das doch allmählich geschnallt haben — andere Länder, andere Titten ...«

Der aschgraue Panther geht am Stock — aber schwerhörig ist er nicht —, als er von der schwarzhäutigen Edelnutte unter der Straßenlampe angemacht wird.

»Na Opa, wie wär's — kommst du mit mir nach Hause?«

Das ist zuviel für den aschgrauen Panther.

»Bist du verrückt? Bis nach Afrika?«

Übrigens, der Vater von dem aschgrauen Panther lebt auch noch. Otto heißt er und wurde eine Woche nach seinem 102. Geburtstag von Rita Werner im SAT-1-Frühstücksfernsehen interviewt.

»Ich bin topfit«, schlug sich Otto stolz an die Brust. »Mein Herz ist kerngesund, meine Leber bestens — und erst im Kopf, das können Sie mir glauben, Rita, bin ich voll da. Toi, toi, toi!«

Dreimal klopfte Otto auf den Eichentisch.

Verwirrt flog sein Kopf herum: »Wer ist da?«

Mitten in der Nacht steigt der nicht mehr ganz taufrische Ehemann aus dem Bett, schleicht mit ausgebreiteten Armen auf die Schlafzimmertür zu.

»Den Schlafwandler kannst du dir abschminken«, knurrt seine Frau unüberhörbar schadenfroh. »Unser Au-Pair-Mädchen habe ich heute früh in den Zug gesetzt.«

Toni, der Skilehrer, bittet seinen Arzt um ein starkes und garantiert wirkungsvolles Potenzmittel.

»Normalerweise habe ich keinen Grund zum Klagen, aber es sind so viele Reisegruppen eingetroffen. Ohne Ihre Hilfe komm' ich einfach nicht mehr nach. Stellen Sie sich vor, Doktor, wer mir heute alles auf die Hütte rücken will — Karin um zwölf, Uschi um 13 Uhr, Beate 14 Uhr, Veronika um 15 Uhr, eine Stunde später die Kerstin, Punkt 17 Uhr Sieglinde, 17 Uhr 30 Petra, 18 Uhr Caroline, 19 Uhr …«

»Schon gut, mein lieber Toni. Ich weiß das Richtige für dich, und tu mir den Gefallen, schluck die Tabletten, die ich dir verschreibe, ja blitzschnell runter, sonst kriegst du mir auch noch einen steifen Hals.«

Glückstrahlend macht Toni, daß er mit seinem Rezept davonkommt.

Kurz nach 17 Uhr ist er wieder zurück, zittert am ganzen Körper wie Espenlaub, seine Stimme — ein einziges Röcheln, als er seinen Arzt erneut um Hilfe bittet.

»Was ist los, Toni? War die Dosis etwa zu schwach?«

»Überhaupt nicht, Doktor. Im Gegenteil!«

»Nun erzähl schon, was passiert ist.«

»N-n-n-nichts«, quetscht Toni stotternd heraus. »Sie — sie — sie sind alle nicht gekommen ...«

Was bekam der Gen-Wissenschaftler, der eine weiße Maus mit einem Elefanten kreuzte?

Nein, nicht den Nobelpreis, sondern eine graue, tote Maus mit einem dreißig Meter großen Arschloch.

... und sein Gen-Kollege, der es mit einer Dackelhündin und einem Elefanten versuchte?

Die Deckung begann einwandfrei. Aber als dann die 28 Liter kamen, ist die Dackelhündin — peng! — geplatzt.

Was ist das erste, was ein Eskimo-Kind lernen muß?

Gelber Schnee ist Ba-Ba!

Frage an den Experten: »Haben die Mädchen und Frauen im Orient tatsächlich, wie immer behauptet wird, horizontale Scheiden? Hans-Peter M. aus M. in Westfalen.«

Antwort von dem Experten: »Wozu zum Teufel willst du das wissen, du elendes Dreckschwein Hans-Peter M. aus M. in Westfalen? Bist du Mundharmonikaspieler oder wie oder was?«

Womit bringt der sadistische Freier jede noch so abgebrühte Dirne zum Stöhnen?
Indem er ihr Sägespäne in die Vaseline mischt.

Vier Schwule auf einem Barhocker — geht das?
Für den cleveren Barkeeper vom ›Why not‹ überhaupt kein Problem ... Er stellt einfach den Hocker auf den Kopf, und schon hüpfen die vier Jungs laut juchzend auf ihr spitzes Hockerbein. (Im ›Why not‹ gibt es eben noch die klassischen vierfüßigen Barhocker!)

Wie wird in den Vereinigten Staaten von Amerika ein weißer, älterer Herr genannt, den ständig ein Haufen Schwarzer umringt?
Trainer.

Welches Verhütungsmittel benutzt Dr. Ruth Westheimer?
Ihr Gesicht.

Was macht die Weintraube, wenn sich ein Elefant auf sie setzt?
Was wohl?
Sie ›wein‹t.

Weshalb furzen alle Mädchen nach dem Wasserlassen?
Auch dafür weiß der Sexist vom Dienst die einleuchtende Erklärung: »Da sie nichts zum Abschütteln vorzuweisen haben, versuchen sie's eben auf diese windige Art, die paar Tropfen trockenzupusten oder zumindest wegzublasen.«

Wolkenbruch. Tina, gerade mal zwölf, in jeder Hand eine schwere Einkaufstüte, findet noch rechtzeitig Schutz vor dem prasselnden Regen unter einer dunklen Brücke. In der Ferne taucht ein Taxi auf. Tina wendet sich mit flehenden Augen dem neben ihr stehenden Rocker zu. Sie kommt ganz nah, so daß dem Armen glatt die Luft wegbleibt.

»Zier dich bloß nicht, Rocky«, haucht Tina aufgeregt. »Ich brauche jetzt auf der Stelle deinen Daumen und deinen Zeigefinger. Los, steck sie mir tief rein!«

— — — Stop!

Was soll diese Schweinerei?

Bitte erst weiterlesen, dann aufregen.

»Na meinetwegen«, gibt sich der Rocker geschlagen, steckt seine Finger in Tinas Mund, und sie pfeift das Taxi heran.

Was ist daran so unanständig, daß Tina mit den schweren Einkaufstüten trotz Wolkenbruch trocken nach Hause kommt? He ...?

Nach dem ausgezeichneten Essen in dem jugoslawischen Restaurant zündet sich Bruno eine Zigarette an. Verschämt schiebt ihm seine Gertrud ein Wrigley's Spearmint zu. »Was soll ich damit?« knurrt Bruno.

»Da fragst du noch?« fährt Gertrud mit der Hand in die Luft. »Du hast doch Augen im Kopf — statt Rauchringe bläst du Zwiebelringe!«

Kannibalen beim Mundverkehr ...

... sind die einzigen Liebenden auf der ganzen Welt, die sich wirklich aufeinander verlassen müssen. (Falls nicht, ist eh alles zu spät.)

»Wie viele Männer hattest du vor mir?«

Stille.

Eine dreiviertel Stunde später: »Entschuldige bitte. Ich weiß — so was fragt man nicht.«

»Pssst — ich zähl' doch noch!«

Die blasse Feuilleton-Volontärin interviewt den berühmten Dirigenten. Sie muß etwas loswerden, klären, was sie beschäftigt, seit sie auf klassische Musik schwört.

»Ganz unter uns, Maestro, bringt der Tubaspieler seine Töne mit dem Mund zum Klingen, oder ...«

»Ich will's hoffen«, fällt ihr der Dirigent mit gequältem Lächeln ins Wort.

Was ist puterrot und hängt an der Decke?
Ein Baby am Fleischerhaken.

»Ich hab' ein paar Sonderwünsche«, sagt Bruno und drückt dem Freudenmädchen einen Extraschein in die Hand. Mächtig aufgeregt klettert er in die Badewanne.

»So, dreh die Dusche auf. Nur Kaltwasser. Und mit dem Ventilator mach ordentlich Wind!«

Das Mädchen macht. Bruno schüttelt sich vor Vergnügen.

»Prima, Baby. Und jetzt knips das Licht an und aus. O ja, das ist es! Ich steh' im Wald. Sturm. Gewitter. Regen. Blitze ...«

»Zur Sache, Schätzchen«, räuspert sich das Mädchen.

Bruno mustert die Kleine, die sich demonstrativ den Slip abstreift.

»Spinnst du?« herrscht er sie an. »Bei diesem Scheißwetter willst du ficken?«

Danach …

Er: »Oh, mein Liebling, Liebling, Liebling – was hast du bloß mit mir gemacht? Das war *(Ausatmer)* der pure Wahnsinn …«

Sie (schluckend): »Hat's dir gefallen?«

Er: »Gefallen ist kein Ausdruck. Ins Weltall hast du mich geschossen, mittenhinein in die Trompeten von Jericho. Mensch, was bist du für eine Frau?«

Sie: »Tja, gelernt ist eben gelernt.«

Er: »Wie, was? Du bist Trompeterin?«

Sie: »Nein. Schwertschluckerin …«

Partygeflüster unter Männern:

»Komisch, deine Alte. Warum muß sie immer beide Knie anziehen, wenn sie gähnt?«

»Ist nicht zu ändern, seit sie sich liften ließ.«

Achim steigt in den Bus. Die schöne Frau direkt vor ihm hat eine unangenehm tief eingezwickte Pofalte im Kleid. In der ehrlichen Hoffnung, sie würde überhaupt nichts mitbekommen, langt Achim vorsichtig mit Daumen und Zeigefinger zwischen die prallen Gesäßbakken, zupft das eingequetschte Textil ruckzuck heraus. Wütend fliegt der Kopf der Frau herum: »Was fällt Ihnen ein, Sie Wüstling?«

Das mag Achim gar nicht hören, schließlich hält er sich für einen reinen Ästheten, doch nicht für einen Pozwicker. »Verzeihung«, säuselt Achim beleidigt, »ich nehm' alles zurück, ganz wie Sie wollen.« Und auf der letzten Stufe in der Bustür sticht er mit dem ausgestreckten Zeigefinger mitten in das Hinterteil der Ignorantin, um das mit ihrer gräßlichen Pofalte wieder tadellos in Ordnung zu bringen!

›Die emanzipierte Frau‹ definiert der Sexist vom Dienst so:
»Vor der Ehe ins Bett und nach der Ehe ins Berufsleben!«

Wo sündigen die jungen Liebespaare Finnlands?
In einem Fjord.

Was ist vorher hart, dann ideal zum Blasen und hinterher weich und klebrig?
Kaugummi.

Nach der Geburt seines fünften Kindes läßt sich Max-Eduard sterilisieren. Während des chirurgischen Eingriffs passiert ein Malheur. Eine Hode fällt vom Operationstisch, und bevor die Schwester reagieren kann, tritt der Arzt voll drauf. Geistesgegenwärtig schickt er sie los, eine Zwiebel gleicher Größe zu besorgen. Kurz darauf näht er den Hodensack fein säuberlich zu.
»Wie geht's uns denn?« wird Max-Eduard zwei Wochen später beim Routine-Check-up gefragt.
»Alles andere als bestens, Herr Doktor.«
»Schwierigkeiten beim Verkehr?«
»Das nicht gerade«, läßt Max-Eduard betrübt den Kopf hängen. »Aber beim Pinkeln tränen mir die Augen. Nach jedem Orgasmus kriege ich ein Sodbrennen, also wissen Sie! Und das Seltsamste — jedesmal, wenn ich an einem Gemüseladen vorbeikomme, habe ich so einen Ständer!«

»Schenk mir dreißig Zentimeter und, bitte!, tu mir weh«, flehte sie.
So geschah es, daß er sie zweimal hintereinander beglükken und dabei ohrfeigen mußte.

Eine Glatze …
… ist Nacktkultur auf höchster Ebene.

Bettnässer …
… sind Tiefausläufer.

Ein Posaunist …
… bewundert in der Sauna die Hinterteile der Frauen.

Kurtis erster Urlaub ohne Mama. Drei Wochen Griechenland. Als sein Flugzeug aufgerufen wird, drückt sie ihren süßen Jungen ein letztes Mal an ihre Mutterbrust.

»Paß bloß auf, Kurti«, schluchzt sie, »daß du nicht unter die Reeder kommst.«

Warum schuf Gott den Mann?

Weil selbst der perfekteste Massagestab nicht dazu zu bringen ist, den Rasen zu mähen.

Drei Schiffbrüchige landen auf der kleinen Insel: zwei Männer und eine Frau.

»Einer von uns beiden ist zuviel hier«, seufzt der eine Mann, und der andere nickt.

»Finde ich überhaupt nicht«, protestiert die Frau energisch.

»Und, Kollege, haben Sie sich gestern bei der Vorstellung prächtig amüsiert?«

»Super! Ich bin anschließend mit dem Star des Abends ins Bett gegangen. Was will man mehr?«

»Wo waren Sie noch mal?«

»Im Flohzirkus.«

Was ist der Unterschied zwischen einer Frau und einem Vulkan?

Vulkane können keine Ausbrüche vortäuschen!

Jung-Dietmar möchte was erleben. Er schlachtet sein Sparschwein. Er geht ins Puff.

»Das erstemal?« schmunzelt die nette Nutte und knöpft seine Hose auf.

Er nickt. Schon ist es passiert.

»Tut mir leid, mein Kleiner«, bedauert sie. »Schaffst du es vielleicht, gleich wieder zu kommen?«

»Überhaupt kein Problem«, kann Jung-Dietmar sie beruhigen. »Ich wohne nur eine Querstraße entfernt.«

Augenarzt: »Na, ist die alte nicht mehr scharf genug?«
Patient: »Was hat Sie das anzugehen — ich brauche eine neue Brille.«

Aus heiterem Himmel platzt Ulrike ins Schlafzimmer. Ihr Mann vergnügt sich mit einer anderen im Bett.

»Wer ist das Miststück?« kreischt Ulrike.

»Meine Frau hat vollkommen recht« greift er dankbar die Anregung auf. »Wie heißen Sie eigentlich?«

»Ich finde schwarze Strapse unheimlich geil«, schwärmt Christa.

»Ich erst«, rollt ihre Freundin mit den Augen. »Aber ich hab's aufgegeben. Ich kriege meinen Mann wohl nie dazu, welche anzuziehen.«

Manfred landet in einem kirchlichen Hospital. »Jagdunfall, voll in die Eier geballert«, begrüßt er den behandelden Arzt. Der hebt tadelnd den Zeigefinger an den Mund, klärt seinen

Patienten darüber auf, sich in diesem Hause gefälligst etwas gewählter auszudrücken, insbesondere morgen, wenn der Bischof zur Visite komme.

»Jagdunfall, zwischen die Beine geschossen«, formuliert es Manfred anderntags, als er von dem hohen Besuch angesprochen wird.

»Danken Sie dem Herrgott«, lächelt ihm der Bischof zu, »daß Ihnen nicht voll in die Eier geballert wurde.«

Ein Specht, nicht gerade überglücklich verheiratet, fliegt allein in den Urlaub.

Kaum in St. Tropez gelandet, knöpft er sich eine stämmige Pinie vor und besorgt es ihr mit dem spitzen Schnabel, daß es nur so kracht und blitzt.

Über seinem hin und her fliegenden Kopf entläd sich ein Gewitter, doch der Specht ist derart zugange, daß er sogar den Blitzschlag nicht mitbekommt, der in sein stürmisches Pick-Pick-Pick hinein den Baum bis zu den Wurzeln spaltet.

Triumphierend bestaunt er, wie er meint, sein Werk.

»Das war endlich mal wieder ein richtiger Superpick. Tja, so ist das mit dem Picken ... Die Frau daheim und du ganz solo in St. Tropez. Und schon, mein Junge, pickst du wie ein Weltmeister.«

Die mimische Glanznummer für Sie & Ihn (ideal zu jedem festlichen Anlaß):

Fragen Sie laut in die fröhliche Runde: »Was ist rot, versteckt sich in einer Höhle und kommt nur beim leidenschaftlichen Liebesspiel raus?«

Legen Sie eine Spannungspause ein.

So, und nun strecken Sie allen die Zunge heraus.

... zu harmlos, finden Sie? Dann diese mimische Glanznummer für Sie & Ihn:

Für Ihren großen Showauftritt brauchen Sie unbedingt etwas zu trinken, egal was.

Fangen Sie sinngemäß mit dem Glas in der Hand so an:

»Stichwort Hochzeitsnacht. Sie eine tolle Jungfrau. Er ein toller Jungmann. Beide keine Ahnung. Sie hat von ihrer Mutter einen Tip bekommen, einer Französin durch und durch, und kommt ja auch sofort zur Sache. Sie massiert ihm einen Steifen, steckt ihn in den Mund und bläst munter draufherum, bis er spritzt. Er ist begeistert, und sie freut sich so mit ihm, daß sie auf der Stelle noch einmal zur Sache kommt. Wieder lutscht sie seinen Ständer, bis er ihr die zweite Ladung verpaßt. Er ist glücklich, aber er ahnt doch irgendwie, daß diese Sextechnik etwas einseitig ist. ›Liebling‹, faßt er sich ein Herz, ›gibt es irgendwas, was ich zur Abwechslung mal für dich tun könnte?‹«

Spannungspause.

Fragen Sie in die gebannt lauschende Runde: »Was glaubt ihr (glauben Sie), hat sie geantwortet?«

Während des kurzen Palavers nehmen Sie jetzt unbemerkt einen großen Schluck aus Ihrem Glas. Warten Sie geduldig ab, bis alle Sie gespannt anschauen. (Wohlgemerkt, die Flüssigkeit in Ihrem Mund nicht runterschlucken!)

»Was hat sie nun geantwortet?« wird irgend jemand Sie lauthals angehen.

Ihr Stichwort.

Spucken Sie alles, was Sie im Mund zurückgehalten haben aus.

Rufen Sie mit flehendem Unterton: »Küß mich!«

Es werden einige Sekunden vergehen, bis der Groschen fällt, aber dann sind Sie der Star, baden sich in tosendem Gelächter, in nicht endenwollenden Beifallsstürmen und Hochrufen.

»Tja, als erstes müssen wir den Erreger Ihrer Krankheit abtöten«, säuselt der Spezialist für Geschlechtskrankheiten.

Die junge Patientin erbleicht. »Nur über meine Leiche werden Sie den Namen meines Freundes erfahren.«

Eine nicht zu überbietende Unverschämtheit ist es, vor einer fremden Wohnungstür auf den Fußabtreter zu scheißen, dann zu klingeln und sich etwas Toilettenpapier zu erbitten!

Immer diese Danach- und Hinterher-Fragen ...

»Möchtest du gar nicht wissen, was ich von Beruf bin?« — »Narkosearzt, vermutlich.« — »Woher weißt du das?« — »Na, ich habe nichts gespürt.«

Was ist ein fröhliches Verhütungsmittel?
Die Glücksspirale.

Zwei Kumpels an der Theke. Nach dem x-ten Bier rückt der eine mit der Sprache heraus, wo ihm der Schuh drückt. Seit seine Frau ›Emma‹ abonniert hat, bevorzugt sie im Bett den Reitersitz.

»Na und?« sagt der andere. »Ich liege neuerdings auch nur noch unten. Mach's wie ich, mein Junge — häng einen großen Spiegel an die Decke!«

»Und was ändert das?«

»Dann kannst du wieder verächtlich auf deine Frau herabschauen, wie es sich gehört ...«

»In jedem jungen Pfadfinder steckt ein ganzer Kerl«, lachte der schwule Gruppenführer in der Nacht.

Was hat Miss Piggy, wenn sie zwei grüne Eierchen in der Hand hält?
Kermits ungeteilte Aufmerksamkeit!

Woran erkennt der geübte Fußgänger, ob dieser oder jener Scheißhaufen eindeutig von einem Schweizer Hund stammt?
An den Löchern.

Was ist unsichtbar und riecht penetrant nach Würmern?
Vogelfürze!

Wer ist klein, zottelig braun, hat drei Zähne, vier Finger an der Hand und trommelt mit beiden Fäusten gegen die Scheibe?
Alf in der Mikrowelle ...

Patientin: »Jedesmal, wenn ich niese, kriege ich einen Wahnsinnsorgasmus. Was empfehlen Sie mir?«
Arzt: »Schnupftabak.«

Warum machen sich gelenkige Bodenturnerinnen nie die Finger schmutzig?
Weil sie sich ihre Tampons mit den Zähnen herausnehmen!

Familie Regenwurm lebt unter einem Golfplatz. Der Winterschlaf ist vorbei. Papa Regenwurm schickt seinen Ältesten nach oben, um das Wetter zu checken.

Just in dem Augenblick, als er sich aus der Erde bohrt, geht über ihm eine junge Golfspielerin in die Hocke und läßt Wasser.

Entsetzt jagt Junior Regenwurm in die Tiefe zurück und erstattet Bericht. »Meine Herren, muß das ein verregneter Winter gewesen sein«, platzt er heraus. »Jetzt bauen die Vögel ihre Nester schon verkehrtrum!«

Kurt Felix feiert seinen 97. Geburtstag. Hand in Hand mit seiner Paola steht er dem Fernsehjournalisten Rede und Antwort.

»Was gibt's im Altersheim noch zu lachen?« wird er mitfühlend gefragt.

»Mehr als damals in unseren Verstehen-Sie-Spaß-Shows, was Paola?« kichert das Geburtstagskind.

Der junge Pressemensch will's nicht glauben.

»Es ist so einfach, in einem Seniorenheim seinen Spaß zu haben«, trumpft Opa Felix auf. »Paola bohnert die Treppe, und ich rufe ›Feuer‹ ...«

Wie stellt der moderne Universitätsprofessor sein Vorführ-Skelett her?

Er läßt sich einfach einen Leprakranken kommen und stellt ihn in den Windkanal.

Wie viele Mäuse braucht man für einen Quickie in der Glühbirne?

Zwei. (Schwierig ist lediglich, wie man sie da reinbekommt.)

Was haben elektrische Eisenbahnen mit Frauenbrüsten gemeinsam?

Kaum sind die Kinder in der Heia, spielen die Väter an ihnen herum.

Es ist nicht so einfach, sechs schwangere Frauen in einem VW-Golf unterzubringen.

Was ist nahezu unmöglich?

Sechs Frauen in einem VW-Golf zu schwängern.

Unter der Sonne Griechenlands findet Moritzchen eine Flasche am Strand. Er reibt und rubbelt sie. Piff!, und ein riesiger Flaschenteufel steht vor ihm.

»Haben Sie einen Wunsch, den ich Ihnen erfüllen darf?« verbeugt er sich vor dem jungen, blonden Deutschen.

»Zwei Wünsche.«

»Sehr wohl.«

»Ich möchte nur noch aus hartem Holz geschnitzt sein«, sagt Moritzchen und faßt sich erwartungsvoll in den Schritt. »Und vor lauter Männerärschen will ich nicht mehr aus den Augen schauen können!«

»Schon erfüllt, mein Herr«, verbeugt sich der Flaschenteufel und verwandelt Moritzchen in eine Klobrille — auf der meistfrequentierten Männertoilette von Athen.

Das süße Leben der berühmten Biene Maja wird endlich von Hollywood verfilmt. Zwischenfall auf dem Set: Laut summend umkreist die hübsche Titelheldin ihren Liebhaber Willi zur ersten Liebesszene.

»Wieder den Text vergessen«, brüllt der Regisseur und bricht die Szene ab.

In der Nacht wacht Hans-Peter auf. Er hat einen Ständer wie noch nie. Liebevoll weckt er seine Frau.

»O mein Gott, Hans-Peter, das tut mir aber leid«, seufzt sie entsagungsvoll. »Morgen habe ich einen Termin beim Gynäkologen.« Mit ausdrücklichem Bedauern klärt sie ihn darüber auf, daß ihr der Arzt absolute Enthaltsamkeit vor der Untersuchung geraten hat.

Aufstöhnend rollt Hans-Peter auf seine Seite zurück. Jäh rutscht er im Bett höher, dreht sich entschlossen um. »Oder hast du etwa auch einen Termin beim Zahnarzt, Liebling?«

»Papi«, druckst der Sohn beim Bauklötzespielen, »was hat Mami unter der Bluse?«

»Zwei Luftballons«, entgegnet der Vater. »Wenn sie mal tot ist, fliegt sie damit in den Himmel.«

Am nächsten Tag ruft ihn der Kleine im Büro an. »Papi, Papi — Mami stirbt!«

»Wie kommst du denn auf diesen Blödsinn, mein Junge?« schimpft der Vater.

»Ich hab's ganz genau gesehen. Der Briefträger pustet ihre Luftballons auf, und sie schreit, o Gott, ich komme.«

Was hat der Mann am Sack, was die Frau niemals im Gesicht haben will?

Falten.

»Zurück, Eva!« rief Adam beim ersten Mal. »Ich habe keine Ahnung, wie lang dieses Ding noch werden soll.«

Weswegen tragen Schäfer weite, schwere Umhänge?

Weil Schafe gute Ohren haben und auf Reißverschlüsse panisch reagieren.

Ein Ufo landet in Altenweddingen bei Magdeburg — direkt im Garten des Speditionsunternehmers Martin Kaufhold. Ein großer grüner Marsmann steigt aus der fliegenden Untertasse und streckt freundlich die Hand zum Gruß aus.

Sprachlos, aber überglücklich schüttelt ihm Martin Kaufhold die Hand, läßt in seiner Aufregung die Hand des Besuchers vom anderen Stern nicht mehr los.

Nach einer halben Stunde wird's dem großen, grünen Marsmann zu bunt.

»Pinkelt ihr eigentlich hier auf der Erde?« erkundigt er sich, gequält auf seine Hand blickend, die Martin Kaufhold partout nicht losläßt.

»Na klar.«

»Scheißt ihr auch?«

Heftiges Kopfnicken.

»Und — wischt ihr euch mit irgendwas den Hintern ab?«

»Aber natürlich — mit Toilettenpapier«, gibt Martin Kaufhold zur Antwort.

»Das ist ja interessant«, stutzt der Besucher aus dem All. »Auf dem Mars nehmen wir dafür einfach unsere rechte Hand ...«

... zu ganz anderen handgreiflichen Gewohnheiten:

»Stimmt es«, will der Afrika-Korrespondent von ›Schöner Essen‹ wissen, »daß Sie das Gemüse mit Fingern essen?«

Verächtlich winkt der Kannibale ab. »Niemals — die Finger gibt's bei uns grundsätzlich einen Gang später.«

Der Mann macht's im Stehen, die Frau im Sitzen und jeder Hund auf drei Pfoten — was?

Händchengeben.

Und dann war da noch Präsident Gorbatschow, der im Kreml den Beweis erbrachte, wie salonfähig schmutzige Witze sogar auf dem Parkett der Weltpolitik sind.

O-Ton Gorbi am 27. November 1990:

»Man sagt, daß Mitterrand 100 Freundinnen hat. Eine hat Aids, aber er weiß nicht welche. Bush hat 100 Leibwächter. Einer ist ein Terrorist, aber er weiß nicht welcher. Gorbatschow hat 100 Wirtschaftsberater. Einer ist gescheit, aber er weiß nicht welcher...«

II

Warum feuerte der
Samenbank-Direktor
seine schwangere Laborantin? –
Ausgerechnet den besten Tropfen
hat sie unterschlagen!

Er hat kein Glück bei den Frauen, also versucht er es bei der ersten Straßendirne, die ihm in den Weg stöckelt — hält ihr einen Tausendmarkschein unter die Nase.

»Heute nicht«, bedauert sie, »ich habe ganz fürchterliche Migräne.«

Der schwache Augenblick des starken Mannes:

»Du jämmerlicher Knüppel«, fluchte Rambo ...

... als sein Bumerang schon wieder nicht zurückkam.

»Weißt du eigentlich, wie häßlich du bist?« wurde Quasimodo von einem hübschen Mädchen gefragt.

»Du solltest dir Hackfleisch um den Hals binden, damit wenigstens die Hunde mit dir spielen.«

Was wird aus dem Stand größer, sobald es kopfsteht?
Die Zahl 6.

Woran kann der erfahrene Frauenkenner leicht ersehen, daß Sie nichts drunter anhat?

An den winzigen Schuppen, die ihr beim kleinsten Pups auf die Schuhe prasseln.

Was braucht ein richtiger Kerl, der einen mächtigen, armdicken, unersättlichen Schwanz hat, zum Frühstück?

»Also ich hatte heute früh zwei Tassen Kaffee, ein Ei, zwei Brötchen und eine filterlose Gauloise ...« (Selbst für Nichtraucher leicht zu variieren.)

Wie lautet die häufigste Frage, die Männer mit einer Penislänge unter zehn Zentimetern über sich ergehen lassen müssen?

»Bist du schon drin?«

Und wie lautet die häufigste Frage, die Blinde über sich ergehen lassen müssen?

»Hast du nicht das Gefühl, du bist im falschen Loch?«

Woran erkennt ein richtiger Kerl, ob seine Sexpartnerin zum Orgasmus kommt?

Ein richtiger Kerl interessiert sich für sowas nicht!

Ein Masochist, der sich sterilisieren läßt ...

... nimmt danach kein Taxi, sondern joggt mit Vergnügen den weiten Weg nach Hause.

Ein Sadist, der sich sterilisieren läßt ...

... erzählt erst seiner Frau davon, wenn sie ihm irgendwann die freudige Nachricht unterbreitet, schwanger zu sein!

Ehemann: »Übertreibst du nicht etwas, Liebling? Deinen Büstenhalter zu bügeln. Wofür? Da steckt sowieso nichts drin, wenn du ihn anziehst.«

Ehefrau: »Vergiß bitte nicht, ich bügel auch deine Unterhosen.«

Wie lautet der einzige Gedanke, der Deutschlands Autofahrer durchzuckt, wenn sie in eine Nebelbank rasen?

»Großer Gott, ich hab' heute keine frische Unterhose angezogen!«

»Was ist eine griechische Tragödie?« fragt der Deutschlehrer seine Abiturienten.

»Hämorrhoiden«, erschallt es von der letzten Bank.

Warum fiel der Leprakranke durch die praktische Fahrprüfung?

Er ließ seinen Fuß auf dem Gaspedal.

Kleine Panne im Paradies:

Zu spät sah der Herrgott, daß sich Eva im Fluß bückte und wusch.

»Diesen Geruch werde ich nie wieder aus den Fischen herauskriegen«, dachte er kopfschüttelnd.

Frage an Erika Berger: »Auf einer Nacktparty traf ich meinen Gynäkologen, aber er hat mich nicht erkannt. Was soll ich beim nächsten Mal tun?«

Antwort von Erika Berger: »Einfach die Beine spreizen.«

Er und sie schnappen frische Landluft. Auf dem Ackerweg kommt ihnen ein hübsches Mädchen im Mini entgegen. Er verdreht den Kopf, die Augen. »Dieser Arsch«, stöhnt er.

Sie mault: »Meiner ist ja wohl auch nicht zu verachten, oder?«

»Deiner«, stöhnt er noch tiefer auf, »ist dagegen, tut mir leid, mein Schatz — ein Mähdrescher!«

In der Nacht will er was von ihr.

»Tut mir leid, mein Schatz«, lächelt sie und knipst das Licht aus. »Ja glaubst du, wegen deines kleinen Strohhalms werfe ich den Mähdrescher an?«

Udo torkelt aus der Kneipe.

»Vorsicht«, meldet sich ein dünnes Stimmchen. Irritiert stoppt er — vor sich der gähnende Abgrund einer U-Bahn-Baustelle.

Udo torkelt weiter.

»Achtung«, klingt es in sein Ohr, zart und piepsig. Kaum daß er bremst, donnert ein unbeleuchteter Tankwagen an ihm vorbei.

»Wer spricht da?« macht Udo den Wendehals.

Ein winziges Engelchen hüpft auf seine Hand, verbeugt sich. »Ich bin dein Schutzengelchen.«

»Mein — Schutzengelchen?« knurrt Udo augenblicklich wutentbrannt. Er schnappt sich mit der anderen Hand den Winzling. »Dann raus mit der Sprache«, brüllt er und ohrfeigt das hilflose Engelchen rechts und links, »wo zum Teufel warst du bei meiner Hochzeit?!«

»Oma, darf ich heute abend wieder mit deinen Brüsten spielen?«

»Meinetwegen. Aber lauf nicht zu weit weg, es wird jetzt immer so früh dunkel draußen.«

Mit seinen vierzehn Jahren soll Hans-Jochen angeblich die Iris geschwängert haben. Vor Gericht platzt seiner Mutter der Kragen. Sie rennt nach vorn, reißt Hans-Jochens Hosentür auf, präsentiert dem Richter den kleinen, unschuldigen Schniedelwutz.

»Mit diesem Dingelchen soll mein Sohn ...«

Sie hält das Beweisstück eine Idee zu fest in der Hand.

»O Mutter, laß bloß los. Ich — ich glaube, wir verlieren den Prozeß.«

»Wir Urologen brauchen keine Reklame«, rieb er sich die Hände, als er seine Praxis aufmachte.

Und tatsächlich konnte seine Sprechstundenhilfe nur staunen: Der erste Patient kam von ganz allein angetröpfelt ...

»Mutti, ich bin doch bald achtzehn. Darf ich dann endlich auch einen BH tragen?«

»Nein, Erwin!«

»Mutti, alle sagen, ich habe so große Füße. Stimmt das?« ruft Ollie durchs Küchenfenster.

»Nein«, ruft die Mutter zurück. »Und nun vergiß den Quatsch, stell deine Schuhe in die Garage und komm rein.«

»Ein so kleines Baby habe ich noch nie gesehen«, staunt die Nachbarin, als sie sich über den Kinderwagen beugt.

Das Baby, zähneknirschend: »Eigentlich hätte ich ja auch gar keins werden sollen.«

Von Junge zu Junge:

»Gestern habe ich Pipi gemacht, in den Fernsehsessel. Da hat mein Papi gesagt, noch einmal so was, und er schneidet ihn ab ...«

»Keine Angst — ich hab' das neulich bei meiner Schwester gesehen. Du, das schaut gar nicht so übel aus.«

In der Schwulenbar. »Geschwind, geschwind, Barkeeper! Ich hab' 'n Durst, ich könnte glatt einer Kuh das Euter abbeißen.«

»Muuuuuuuh«, ertönt es von allen Seiten.

Es ist Nacht und dunkel, als er sie aufweckt …

»Hey, wo sind deine Brüste auf einmal geblieben?« packt ihn das pure Entsetzen. »Und deine Muschel ist so klein, so eng!«

»Rutsch mir vom Buckel«, sagt sie nur und ist schon wieder eingeschlafen.

Was geschah mit der jungen Frau und den zwölf jungen Männern, die sich nach dem Schiffsunglück auf eine einsame Insel retten konnten?

Nach einer Woche schämte sie sich so sehr, daß sie sich umbrachte.

Nach zwei Wochen schämten sich die zwölf jungen Männer so sehr, daß sie die Tote beerdigten.

Nach drei Wochen schämten sich die zwölf jungen Männer so sehr, daß sie die junge Frau wieder aus dem Grab herausholten.

Wie geht ein 50%-Quickie?
Halb so schnell!

Was ist der Unterschied zwischen einer Ehefrau und einer Geliebten?

Ein Unterschied wie Tag und Nacht.

Was hört der ostfriesische Sexfreund in seinem Walkman, wenn er seine Sexpartnerin besteigt?

»Vor … Zurück … Vor … Zurück … Vor … Zurück … Vor … Zurück …!«

Aus welchem Grunde ist die Glocke das ideale Hochzeitssymbol?
Wegen des Klöppels in der Glocke.
Dingdong …

Wie werden Leprakranke beschnitten?
Geschüttelt!

»Hundehaufen sind wie Frauen«, geriet der Straßenfeger ins Philosophieren. »Je älter, desto griffiger.«

Jörg kommt aus der Schule, fällt mit der Tür ins Haus: »Mann, Mami, haben wir gevögelt auf der Toilette!« Die Mutter ist entsetzt, versetzt ihm eine schallende Ohrfeige und schickt ihn ohne Essen auf sein Zimmer.

Am Abend schaut der Vater nach dem Jungen. »Und, wird dir das eine Lehre sein?«

»Ja«, preßt Jörg mit schmerzerfüllter Miene hervor. »Beim nächsten Mal werd' ich unbedingt Vaseline nehmen. Mann, Papi, mein Arsch bringt mich um!«

Wie reagierte der Banker, als das Callgirl am Telefon fünfzig Mark verlangte?

»Vierzig Mark, Sugar? Woher soll ich dreißig Mark nehmen, um dir zwanzig Mark zu zahlen für etwas, was nicht mal zehn Mark wert ist und was ich überall umsonst kriegen kann«, schimpfte er und legte auf.

Was schluckt das Schneemädchen, das vor dem Schneemann niederkniet?
Mmmmh, Softeis.

»Ich glaube, ich werde doch älter«, dachte der Ehemann bekümmert, als er in der Weihnachtsnacht merkte, daß seine Frau Ostern mit dem Sex Schluß gemacht hatte …

»Huuuuuuuuuuuuuuuuuuuuuch«, machte die Mutter im Kreisssaal, als sie einen Sohn mit Vollbart gebar.

Wie stöhnen Tintenfische beim Liebesakt?
Wörtlich so: »Herrje, hast du mich verheddert.«

Wo traf Zwerg Laurin die wunderschöne Prinzessin?
Ins Knie.

Was ist ein lesbisches Müsli?
Ohne Nüsse!

Was ist knüppeldick, feucht und riecht penetrant?
Der Griff von Boris Beckers Schläger.

Wie ist es zu erklären, daß Glatzenträger Löcher in den Hosentaschen haben?
Ach, jeder Mensch fährt sich hin und wieder gerne mit den Fingern durch die Haare, oder?

Frage: Was tat der Archäologe, als er einen benutzten Tampon fand?
Antwort: Er überlegte, aus welcher Periode er stammen könnte.

Was sagte Speedy Gonzales zur Jungfrau?
»Ich tu dir schon nicht weh, oder war's denn so schlimm?«

Was war der hübschen Kellnerin auf der Stelle klar, als sie höflich von dem Gast auf ihren Tampon hinterm Ohr hingewiesen wurde?

Wo ihr Bleistift steckte!

Hunde haben immer nur zwei Fragen und eine Lösung:

1. Frage: »Ist es zu schlabbern?«

2. Frage: »Ist es zu ficken?«

Lösung: »Dann piß' ich drauf!«

»Soso«, sagte die Frau, als sie in den Schamhaaren ihres aus dem Büro heimgekehrten Mannes eine falsche Wimper entdeckte …

Was widerfuhr dem Mann, der die Frau seiner Träume heiratete?

Er wachte auf.

Was benutzen Elefantinnen als Tampons?

Schafe.

Warum stottert Steffen nicht mehr?

Der Arzt hat ihm den überlangen Penis abgeschnitten.

Was sagte Steffens Frau dazu?

»So geht's aber nun wirklich nicht, Steffen. Das mußt du sofort rückgängig machen.«

Was tat der Arzt, als Steffen ihn wieder aufsuchte?

Er stotterte: »Z-z-z-z-z-z-z-zu spät!«

»Das tut doch weh«, röchelt Rita, als sie von hinten rangenommen wird.

»Spinnst du?« röchelt Rudolf. »Gut tut das.«

Was ist ein 138er?
Ein geselliger Abend zu viert.

Neulich auf dem Bauernhof:

Wie ein Blitz auf der Suche nach einem Blitzableiter, so kommt der Ferdl aus der Schule. Er versetzt dem Huhn, das ihm vor die Füße läuft, einen Tritt, daß es nur so federt, der Kuh kickt er in den Euter, bis ihr die Milch aus der Nase spritzt — dann kommt das Schwein ran.

Als das erbärmliche Quieken verstummt, knöpft sich die Mutter den Ferdl vor. Sie hat alles mitangesehen.

»Eine Woche lang kein Ei«, verkündet sie. »Eine Woche lang keine Milch und eine Woche lang keinen Schinken, ist das klar?«

Spät am Abend kehrt der Vater vom Feld zurück, versetzt der Muschi, die vor der Haustür liegt, einen mächtigen Tritt.

Ferdl und seine Mutter haben es gesehen.

Ferdl freut sich: »Bitte, Mami, darf ich Papi die böse Nachricht auftischen?«

Zwerg Laurin ist der größte Liebhaber von Paris, obwohl er nur auf den Bauchnabel küßt. Was soll daran so toll sein?

Voilà, Zwerg Laurin küßt von innen!

»Nein, Herr Tollwald!« rief die neue Sekretärin an ihrem ersten Arbeitstag. »Herr Tollwald! Herr Toll . . . toll, toll — — —«

Zwei fassen sich am Telefon kurz:
»Darf ich vorbeikommen, Corinna?«
»Gern, Detlef.«
»Ich heiße aber nicht Detlef.«
»Macht nichts. Ich bin ja auch nicht Corinna.«

Zwei Spanner im Park.
»Was machst du heute?«
»Mal sehen.«

Eine Frau bestellt beim Schreiner ein neues Schlafzimmer. Über dem Ehebett soll eingeschnitzt stehen: CUM DEO!

Drei Wochen später werden die Möbel geliefert. Über dem Ehebett prangt:

KOMM THEO!

Alle Frauen betrügen ihre Männer ...
... denkt der Pessimist.
Und der Optimist? Der ...
... hofft es.

»Leiden Sie unter perversen Vorstellungen?« fragt der Psychiater.

»Leiden, Doktor? Ich genieße sie!«

Nach der nicht ganz so geglückten Brustvergrößerung:

»Sagen Sie, Doktor, wird man die Narbe nicht sehen?«

»Das hängt ganz von Ihnen ab!«

Im Intercity erregt ein Betrunkener Anstoß bei den Mitreisenden. Er bohrt in der Nase, ißt den Popel, puhlt sich in den Zähnen, knöpft die Hose auf und befummelt seine Genitalien.

»Pardon, mein junger Freund«, wendet sich eine ältere Dame ihm zu, »wäre es Ihnen vielleicht möglich, daß Sie Ihre grandiose Solonummer mit einem donnernden Furz abschließen könnten?«

»Wie lange bist du eigentlich mit Dietrich gegangen?«

»Drei Scheckbücher lang.«

»Und wie war's gestern nacht mit deiner neuen Flamme?«

»Na, wie auf 'ner Schiffstaufe.«

»Was heißt das?«

»Das heißt, ich bin von einer Flasche gebumst worden.«

Wie geht ein Öko-Fick?
Bumsen ohne spritzen.

Damals in den Sechziger Jahren:

Psychiater: »Ich glauben, wir haben Sie von der Wahnvorstellung befreit, daß Sie Sophia Loren sind.«

Patientin: »Grazie, Dottore — und die Rechnung bitte an Carlo Ponti.«

»Ich habe gehört, Sie haben geheiratet.«

»O je, konnte man das hören?«

Lehrerin: »Was ist ein Pessimist?«
Schülerin: »Ich glaube, das Ding, das Frauen benutzen, um keine Babys zu kriegen.«
Lehrerin, kopfschüttelnd: »Na ja, vielleicht weißt du, was man unter einem Optimisten versteht.«
Schülerin: »Logo. Das ist der Mann von einer Frau, die keinen Pessimisten anwendet.«

Der Bauer bringt die Motorsäge zurück, die er gekauft hat.

»So ein Murks! Gerade mal einen Baum am Tag habe ich mit der geschafft«, schimpft er.

Der Verkäufer wirft den Motor an.

Der Bauer: »Was ist das für ein Geräusch?«

Paradox …

… ist zum Beispiel, wenn Götz von Berlichingen sagt: »Ich küsse Ihre Hand, Madame.«

Tagungen …
… sind nächtliche Ausschweifungen.

»Mach dich lieber nicht lustig über meine gesunde Ernährungsweise«, sagt die eine Freundin zur anderen. »Dir würde es auch mal guttun, auf deinen Körper zu hören — der sagt dir ganz genau, was er braucht.«

»Gut«, erwidert die andere. »Ich bin ganz Ohr …«

Stille … Dann:

»Was sagt er?«

»Robert Redford!«

Der Broker in der Yuppie-Bar zu Blondie: »Für eine heiße Braut wie dich bin ich gern bereit, 36 000 Mark auf den Tisch zu blättern.«

Kurz darauf in seinem Penthouse bittet sie ihn um einen kleinen Vorschuß.

Der Broker schnappt sich seinen Taschenrechner.

»Okay, rechnen wir's mal aus. 36 000 Mark per anno ergeben 3000 im Monat — macht 100 Mark am Tag, die Stunde 4 Mark 20 ... Eine halbe Stunde warst du hier, macht 2 Mark 10, okay, Blondie, hier nimm ... Und jetzt will ich kein Wort mehr über Geld hören, klaro!?«

Was ist der Unterschied zwischen einem Senior und einem Oldie?

Der Senior vergißt, die Hosentür zuzumachen. Der Oldie vergißt, die Hosentür aufzumachen.

Die Ehefrau fährt zur Kur. Ihr Mann hält es nach zehn Tagen nicht mehr alleine aus, fährt ihr nach. Überglücklich fallen sie sich in ihrem Zimmer in die Arme, fallen auf das Bett. Da bumst es an die Wand, und jemand brüllt: »O nein, o nein — nicht doch jeden Tag, jede Nacht ...!«

Was wurde aus dem Holzfäller, der etwas zu nah an die Säge kam?

Ein Inphallide.

Patient: »Ich habe einen Freund, Herr Doktor, der hat Schwierigkeiten mit dem Wasserlassen. Er sagt, er sei fürchterlich wund und habe rote Pickel, die grauenhaft jucken.«

Doktor: »Dann holen Sie mal Ihren Freund raus, und ich schau ihn mir an.«

Frage: Wann schauen Maurer, die auf dem Bau saufen, wie versteinert aus der Wäsche?

Antwort: Wenn sie aus Versehen flüssigen Zement geschluckt haben …

Wen könnte man ohne Übertreibung als den größten Athleten der Welt bezeichnen?

Den Sportler, der im Onanie-Wettbewerb den ersten, zweiten und dritten Platz belegt.

Was sagte Schneewittchen, als sie auf Pinnochios Gesicht saß?

»Sag eine Lüge … Sag die Wahrheit … Sag eine Lüge … Sag die Wahrheit … Sag eine Lüge … Sag die Wahrheit … Sag eine Lüge …«

Was fragte der Elefant, der zum ersten Mal einen nackten Mann sah?

»Und mit diesem Rüsselchen kannst du essen?«

Was finden alle Hunde an Weihnachten so toll? Daß sie zwei Wochen lang nicht rausmüssen, um das Bein zu heben.

Bei welcher Gelegenheit wird es Dolly Dollar immer so schwarz vor den Augen?

Beim Joggen …

Was solltest du tun, wenn deine Freundin beim Ficken kein Licht mag?

Die Wagentür zuklappen!

Was tun, wenn sie sagt: »Küß mich, wo's am schönsten duftet!«?

Dann, Mann, los in den Botanischen Garten!

Was rufen die Gäste im Burger King, wenn Hella von Sinnen durch die Tür stürmt?
»Whopper kehrt heim!«

Weswegen werden den Sardinen die Köpfe abgeschnitten?
Damit sie sich in den Konservenbüchsen nicht beißen können.

Wie leicht ist ein ostfriesisches U-Boot auf Tauchfahrt zu erledigen?
Sehr leicht — einfach anklopfen ...

Was geht einer Fliege durch den Kopf, wenn sie auf die Windschutzscheibe eines fahrenden Autos klatscht?
Ihr Arschloch, was sonst!

Wieso lecken sich Hunde selber?
Tja, die können's eben.
(Neidisch?)

›Flutsch‹, machte es, als das unerfahrene Mädchen im richtigen Augenblick das absolut Falsche tat.
Was ...?
Zu husten ...

Richter: »Warum haben Sie den Yuppie auf offener Straße verprügelt?«
Punker: »Weil es mir meine finanziellen Verhältnisse einfach nicht erlaubten, dafür extra 'ne coole Sporthalle zu mieten.«

Von Callgirl zu Callgirl.

»Wie war's gestern?«

»Super! Millionär, Klassehotel, 'n Tausender. Und bei dir?«

»Na ja ... Tischler, Hobelbank, und die zehn Mark krieg' ich am Freitag.«

Am FKK-Strand.

»Daddy, warum haben manche einen großen und einige einen kleinen Zipfelmann?«

»Die mit dem großen sind reich, die anderen mit dem kleinen sind arm.«

»Schau mal, da wird gerade einer unheimlich reich!«

Der Politiker im Puff legt noch einen Schein drauf, damit das nicht alle Welt erfahren soll: »Das muß unter uns bleiben, was ich in der Mittagspause gemacht habe.«

»Na klar«, beruhigt ihn die Dirne. »Ist ja auch alles hinter meinem Rücken passiert ...«

Wüste Orgie im Schlafwagen des Intercity. Kurz vor München fliegt ein Haufen Kondome durchs Zugfenster.

Wenig später entdeckt ein Bauer etwas auf seinem Feld, klettert vom Traktor, nimmt die Bescherung in Augenschein.

»Scheiß Preiß'n«, kann er es nicht fassen, »'s Beste lassens's drinnen in der Weißwurscht.«

»Gestern auf der Party hat sich wieder alles um mich gedreht.«

»Warum mußt du dich immer besaufen?«

Wieder ist ein Luxus-Liner auf hoher See untergegangen. Vierundzwanzig Männer und eine Edelnutte retten sich auf eine einsame Insel.

Nach einem Monat nimmt sie sich die Jungs vor: »Bis jetzt schuldet ihr mir bereits vier Millionen achthunderttausend Mark. Sagt mal, Leute, wie wollt ihr das bloß irgendwann mal löhnen?«

Ein Betrunkener taumelt in die Bar. »Ich kann mit meinem Hintern wie David Hasselhoff singen«, prahlt er.

Der Barkeeper will ihn rausschmeißen, aber alle Gäste wollen ein Lied hören. »Was singst du uns?« fragt er den Betrunkenen.

»Na ›I'm Crazy For You‹ selbstverständlich«, folgt die Antwort.

Er läßt die Hose runter, springt auf den Bar-Tresen, scheißt plötzlich auf die Glasplatte.

»He, was soll die Schweinerei?« ruft der Barkeeper. Der Betrunkene winkt betreten ab. »Tut mir leid, aber ich mußte erst diesen Kloß im Hals loswerden.«

Was ist Elviras Lieblingsdrink?
Whisky mit Sofa, zimmerwarm.

Ist der Kannibale, der nur Männer mag, deswegen schwul?

Nein. Ihm sind lediglich die Mädchen und Frauen zu scharf.

Was ist so toll an der Striptease-Tänzerin mit Oberweite 142, Taille 65, Hüfte 94?

Es ist toll, wie sie auf die Bühne kriecht und versucht, sich aufzurichten …

Evamaria will wieder Dampf in ihre Ehe bringen, besorgt sich beim Arzt ein starkes Potenzmittel, und da es am Abend Würstchen mit Senf gibt, mischt sie es heimlich in den Senf.

»Himmel noch mal«, entfährt es ihrem Mann beim Essen. »Immer, wenn ich das Würstchen in den Senf tunke, wird es ganz steif, und die Pelle schiebt sich zurück!«

»Alles geht bei mir auf Pfiff«, klärt der Feuerwehrmann in der Hochzeitsnacht seine frischgebackene Ehefrau auf. »Erster Pfiff — ausziehen. Zweiter Pfiff — hinlegen. Dritter Pfiff — Beine auseinander ...«

Nach einigen Pfiffen pfeift seine Braut.

Er stutzt. »Was ist'n nu'?«

»Mehr Schlauch, aber dalli.«

Er stürzt ins Haus, er stürzt ins Schlafzimmer, er stürzt zum Kleiderschrank. »Wenn ich hier wieder den Briefträger finde, dann ...«

Der Kleiderschrank ist leer. »Zufrieden?« knurrt sie ihn an.

Kaum ist er verschwunden, rutscht der Briefträger unter dem Bett hervor. »Für wie dumm hält dein Mann eigentlich die Deutsche Bundespost?«

In jeder Hand ein Nachthemd, so tritt Melanie nackt ans Bett. »Was soll ich anziehen — das rechts oder links?«

»Das in der Mitte«, antwortet er.

Was täten die Marx Brothers Groucho, Harpo und Chico, wenn sie heute noch lebten?

Jeder von ihnen würde mit beiden Fäusten innen an den Sargdeckel trommeln.

Was ist eine Prostituierte, der die Nase läuft
Randvoll!

Eine Frau, die mit dem ganzen Orchester schläft, ist eine ...
... Symphomanin.

Gibt es etwas, was noch kleiner als das Arschloch einer Fliege ist?
Logisch: Fliegenschitt!

Was ist die Höchststrafe für Bigamisten?
Zwei Schwiegermütter.

Die Klapperstörche bringen die Babys. Wer brachte Hella von Sinnen?
Ein Kran.

Warum versucht Hella von Sinnen mal wieder eine Diätkur?
Weil sie es leid ist, auf dem Telefon und auf der Fernbedienung immer zwei Tasten zu drücken.
(Keine Sorge, sie bleibt uns erhalten, wie wir sie lieben: rundum von Sinnen!)

Wann muß ein alter Puper sofort zum Arzt?
Wenn er in der Badewanne einen Furz läßt und die Blasen im Wasser untergehen!

Im Winter ist es eine schlaue Idee, mit einem Sechser-Pack Bier in die Berge zu gehen — wieso?
Im Notfall kann man herrliche Hilferufe im Schnee zurücklassen.

Was trennt einen schönen Fuchs von einem häßlichen Schwein?

Ungefähr sieben Flaschen Export-Pils.

Warum ist ein braungebranntes Mädchen wie ein Wienerwald-Hendl?

Tja, die weißen Stellen sind die Besten!

»Nur über meine Leiche« ...

... sagte die Ehefrau, als ihr Mann verkündete, seine nekrophilen Neigungen keine Nacht länger zu unterdrücken.

Afrikanisches Roulette ...

... geht wie?

Ohne Waffenschein und ohne viel Lärm: Sechs heißblütige Schwarze warten in der Hotelhalle und brennen darauf, von dir erwählt zu werden — eine von ihnen ist Kannibalin und hat seit Wochen nichts Anständiges zwischen die Zähne bekommen.

»Bauchschmerzen?« fragt die Kannibalenfrau besorgt.

»Ach«, stöhnt ihr Mann, »ich hätte von dem Froschmann vielleicht doch nicht die Pelle mitessen dürfen.«

Was macht jede Frau ungeheuerlich sexy, sobald sie es sich hinters Ohr klemmt?

Ihr Knie.

Was macht jede Frau noch ungeheuerlicher sexy, sobald sie es sich hinter beide Ohren klemmt? (Wird nicht verraten.)

Ein Witwer steht gefaßt vor dem Grab seiner Frau. Neben ihm ihr Hausfreund schluchzt bitterlich.

»Tröste dich, mein Guter«, beruhigt ihn der Witwer, »Ich heirate ja wieder ...«

Zwei alte Jungfern beobachten, wie ein Huhn von einem Hahn gejagt wird. Es flattert auf die Straße, wird von einem Auto überfahren.

»Siehst du«, sagt die eine zur anderen, »lieber ist sie in den Tod gegangen.«

Kurz bevor es draußen dämmert, schleicht er auf Zehenspitzen ins Schlafzimmer.

»Bist du es, Manni?« fragt sie in die Dunkelheit hinein. Er knurrt: »Das möchte ich dir geraten haben!«

Sie: »Wir sind jetzt fast neun Jahre zusammen — was hältst du davon, wenn wir doch irgendwann mal heiraten würden?«

Er: »Wer will uns jetzt noch nehmen?«

Das ungleiche Paar auf der Bank im Park, er Frührentner, sie frühreif.

»Was machen wir, wenn deine Frau zufällig vorbeikommt und uns sieht?«

»Die wagt sich heute nicht auf die Straße«, schmunzelt er.

»Wie kannst du dir so sicher sein?«

Er klopft sich auf die Sakkotasche. »Ich hab' mir ihre dritten Zähne eingesteckt.«

Er hieß nicht Romeo, aber endlich hatte er seine Julia in der sturmfreien Bude. Schnell schlüpfte er aus den stonewashed Jinglers.

»Was, meinst du, ist das?« tätschelte er mit der Hand, was da zum Vorschein kam.

»Ein Pullermann.«

»Paß auf, Julchen. Das nennt man einen Schwanz. Noch einmal — was ist das?«

»Ein Pullermann ...«

»Nein ...«, fiel er ihr ungehalten ins Wort. »Ein für allemal, Julchen, das ist ein Schwanz!«

»Ganz ruhig, mein Junge. Ich hab' schon viele Schwänze gesehen. Und ich sage dir ein für allemal — das ist ein Pullermann.«

Was sind Cowboys, die seitlich auf dem Sattel sitzen?
Schwul!

Von einem Extrem zum anderen:

Zwei Männer in der Sauna, den einen befällt der pure Penisneid. »Mann, was muß das für ein Gefühl sein, wenn der in Aktion ist?« schaut er staunend auf das lange schlaffe Glied.

»Ich weiß nicht.«

»Wieso wissen Sie das denn nicht?«

»Weil er bei der Erektion soviel Blut braucht, daß ich immer in Ohnmacht falle ...«

Feuer im Bordell! Ein Nackter stürzt aus den Flammen auf einen Feuerwehrmann zu: »Wenn Sie eine kleine, dicke Rothaarige sehen, geben Sie mir Bescheid? Ich hab' nämlich schon bezahlt.«

Die Mutti besucht im Knast ihren Sohn: »Wie oft habe ich dir damit in den Ohren gelegen, die rostige Knarre wegzuschmeißen und ein vernünftiges modernes Schnellfeuergewehr zu kaufen, he ...?«

»Wie haben Sie bloß hergefunden?« ...

... fragte der Augenarzt nach der Untersuchung den Patienten.

Ein kurviges Starlet läuft heulend durchs Filmstudio.

»Was sind wir denn so traurig?« kümmert sich ein Produzent um die Arme.

»Ich bin vor fünf Stunden zu Probeaufnahmen bestellt worden«, schluckt sie.

»Kommen Sie — in meinem Büro werden wir die Angelegenheit klären.«

»Nein, jetzt reicht's mir«, biestert sie ihn plötzlich an. »Schon dreimal ist die Angelegenheit geklärt worden.«

Die alte Faustregel für junge Fäuste:

Was ist der Unterschied zwischen einem Fallschirm und einem Kondom? — Wenn der Fallschirm reißt, stirbt einer ...

Noch eine alte Faustregel für junge Fäuste:

Warum trägt der Schäfer, wenn ihm mal wieder danach ist, sein kuschliges Lieblingsschäfchen an den Abgrund? — Weil er dort sicher sein kann, daß es zurückstößt!

»Na ja, immerhin hast du's versucht«, sagte der Mann, als er seine Frau vom Schönheitssalon abholte.

»Meine schönste Zeit verdanke ich der Oper.«
»Gehen Sie oft hin?«
»Nein, aber meine Frau.«

Gummibärchen-Party ...
... geht wie?
Er bringt den Gummi mit und sie das Bärchen.

Wie findet man ein Rattenloch?
Einfach den Schwanz hochheben!

Der 97jährige Patient: »Doktor, ich habe Probleme mit dem Stuhlgang.«

Der Arzt: »Haben Sie nicht genug geschissen in Ihrem Leben?«

Wie kam Tarzan auf seinen weltberühmten Schrei?

»Nicht doch, Jane, die Liane, die Liane mußt du packen! Die Li - - - - Aaaaaaahaaahaaa!«

Warum darf man einer aufblasbaren Ersatzpartnerin niemals ins Ohr beißen?

Weil sie dann einen sausen läßt und durchs Fenster davonfliegt.

P-f-f-f-f-f-f-f-t-t!

Im Omnibus: Ungeniert läßt er seine Blicke über ihre Brüste, Taille und Knie streifen, bis sie aufsteht und ihn bittet: »Ziehen Sie mich jetzt wieder an, ich muß aussteigen!«

Der Medizinstudent ist bei den Eltern seiner Freundin eingeladen. Nach dem Diner bekommt sie einen Schwächeanfall, und er trägt sie auf ihr Zimmer. Nach einer knappen Stunde kehrt er freudig zurück: »Ihrer Tochter geht es schon viel besser. Ich habe ihr ein paar Stärkungstropfen gegeben.«

»Sehr schön«, freut sich der Vater, den Studenten von Kopf bis Fuß musternd. »Dann können Sie jetzt ja wieder die Apotheke zumachen.«

Herr Nußbeck fliegt geschäftlich nach Tokio. Gleich am ersten Abend schleppt er eine bezaubernde Japanerin ab. Komisch, wundert sich Herr Nußbeck — immer ruft sie beim Bumsen »Nachagai ana, nachagai ana« ... Am nächsten Morgen ist er mit seinem japanischen Geschäftspartner beim Golfspielen. Herr Nußbeck erinnert sich seiner eindeutigen Sprach-Lektion, als der Japaner grandios einputtet.

»Nachagai ana«, zwinkert Herr Nußbeck mit dem Auge.

»Wieso«, knurrt der. »Was heißt hier ›im falschen Loch‹?«

»Du, Zenzl, spürscht nix oder spürscht scho was?«

»Noi, nix.«

»Um Hemmels willa, no muaß er in dr Wies schtekka!«

»Bitte, Herr Doktor, können Sie die Medizin für meinen Mann nicht als Tropfen aufschreiben?«

»Warum?«

»Bei den Zäpfchen klebt ihm immer das Gebiß zusammen.«

Sie: »Um drei Uhr in der Nacht bist du nach Hause gekommen. Ich habe die Uhr genau schlagen gehört.«
Er: »Irrtum, Liebling – sie wollte elf schlagen, aber ich hielt sie geistesgegenwärtig an, damit du nicht gestört würdest!«

Anruf beim Gynäkologen.
»Mehwald hier ... Haben Sie meine Frau schon behandelt?«
»Ich bin mittendrin.«

Ein wahres Prachtweib hat Karl-Eberhard geheiratet. Und dann das:
In der ersten Nacht rieb sie ihr Gesicht dick mit Fettcreme ein. In der zweiten machte sie sich eine Lehmpackung, in der dritten nahm sie ein Abführmittel und in der vierten wurde sie unpäßlich.
In der fünften Nacht betrat Karl-Eberhard in einem Taucheranzug das Schlafzimmer.
»Was soll das bedeuten?« fragte seine Frau erschrokken.
»Das soll bedeuten«, holte Karl-Eberhard tief Luft, »daß ich heute durch dick und dünn gehen werde.«

Ein kleines, süßes Nerzweibchen kommt in den Himmel. Petrus nimmt das Tier tröstend in den Arm. »Dich hat man auf der Erde so schlecht behandelt. Weißt du was? Sag mir irgendeinen Wunsch, den du auf dem Herzen hast, und ich erfülle ihn dir.«
Das kleine Nerzweibchen, schüchtern: »Ach, ich wünsche mir so sehr einen warmen Mantel aus lauter fetten, alten, reichen Weibern.«

Kommt ein Arzt zum Arzt:

»Stell dir vor, Kollege — meine Frau spricht kein Wort mehr mit mir.«

»Was hast du angestellt?«

»Eine hübsche neue Sprechstundenhilfe ...«

Nach dem ersten Rendezvous fährt er sie nach Hause. Im Auto knutschen sie sich. Plötzlich reißt er seine Hose auf und drückt ihr das Ding in die Hand. Wutschnaubend klappt sie die Wagentür auf, springt ins Freie, jagt davon und schreit: »Nur zwei Worte noch: Du Sau!«

»Auch nur zwei Worte«, brüllt er ihr nach. »Lass los!!!«

Was ist eine ostfriesische Lesbe?
Eine, die Männer lieber mag.

Zurück in den Jet-Set von heute ...

Das rassige Party-Girl fliegt nach dem vierwöchigen Urlaub auf Ibiza heimwärts.

Flüstert der linke Oberschenkel dem rechten Oberschenkel zu: »Na, dich hab' ich ja eine Ewigkeit nicht mehr gesehen.«

»Was? Deine Tochter will heiraten? Ist sie denn schon reif genug?«

»Überreif — es ist schon ein Wurm drin.«

»Nein, tut mir leid, diesen Winter nicht. Ich habe fürchterliche Migräne«, sagte die Bärin zum Bär.

Zwei junge Sekretärinnen schwärmen von dem Juniorchef:
»Wie elegant er sich immer anzieht ...«
»Ja, und so schnell.«

Und was ist eine saudumme Mücke?
Die Dolly Dollar in den Arm sticht.

Methusalems Sauerei von Anno 1906, direkt aus den ›Fliegenden Blättern‹:
Erster Gast: »Donnerwetter, wie kommt denn der Spargel zu meinen Leberklößen ...?«
Zweiter Gast: »Ich habe Pudding und Sauerkraut zusammen ...«
Dritter Gast: »Und ich ein Beefsteak mit Himbeersauce ...«
Wirt: »Bitte tausendmal um Entschuldigung, meine Herren! Der Kellner hat auf der Treppe das Tablett fallen lassen, und da sind ihm die Speisen beim Aufsammeln etwas durcheinander geraten!«

Im Fußballstadion macht es Platsch — genau auf Werners Glatze.
Flucht Werner: »Über 50 000 Zuschauer, 22 Spieler, drei Schiedsrichter, zwei Trainer — aber ausgerechnet mir muß dieser Scheißvogel auf den Kopf kacken.«

Der Intercity jagt aus der Dunkelheit ins grelle Sonnenlicht.

»Hast du eine Vorstellung davon, was dieser Tunnel, durch den wir eben gefahren sind, gekostet hat?« räuspert er sich, während er die Hose anzieht.

Sie schlüpft in den BH, zuckt die Achseln.

»Eine halbe Milliarde Mark«, trumpft er auf.

Vergnügt knöpft sie die Bluse zu, zippt den Reißverschluß des Minirocks hoch.

»Ich bin der Meinung«, lächelt sie versonnen, »das war er wert.«

Lieber schlau in die Bluse schielen, als dumm aus der Wäsche gucken ...

»Dann machen Sie sich mal frei«, nickt der Zahnarzt seiner hübschen Patientin zu.

»Aber — Sie sind doch Zahnarzt ...«

»Ja, aber mein Bruder hat mir von Ihnen erzählt. Und der ist nicht mal Arzt, sondern Ihr Rechtsanwalt.«

Der romantische Röchler im sozialen Wohnungsbau:

»Was meinst du, Schatz — sollen wir uns in aller Stille verloben? Oder wollen wir die ganze Nachbarschaft aufwecken?«

Damit die Eltern schön ausschlafen können, dürfen die Kids an Papas Videos.

Nach einer geraumen Weile mault Stefan seinen Bruder an: »He, warum müssen wir uns die Porno-Cassette eigentlich immer rückwärts reinziehen?«

»Ach, weil ich die Stelle so toll finde, wo der Mann im Puff sein Geld zurückbekommt ...«

Frage: Was hat ein Mann zu tun, wenn eine schöne Frau in zerrissenen Kleidern das ganze Haus zusammenschreit und wie eine Verrückte mit den Fäusten an seine Wohnungstür hämmert?

Antwort: Aufzuschließen und sie endlich rauszulassen!

Wie heißt Arnold Schwarzeneggers erster Pornofilm?

Der Sperminator

Was ist eine Erektion?

Das schönste Geschenk auf der Welt, das eine Frau einem Mann zum 75. Geburtstag machen kann …

Wieso haben nur die Frauen so viel Ärger mit Hämorrhoiden? – Weil Gott mit dem Mann das perfekte Arschloch schuf …

Eine füllig-korpulente Frau, zwei Meter noch was groß, kommt zum erstenmal zum Gynäkologen. Etwas unsicher folgt sie seinen Anweisungen, zieht sich aus, nimmt auf dem seltsamen Sitz Platz — macht weit die Schenkel auseinander.

»Oh«, ruft der Frauenarzt aus, »oh!«

Sie wundert sich, sagt nichts.

»Donnerwetter, das ist die größte Scheide, die ich jemals gesehen habe«, erhebt er erneut seine Stimme, »Donnerwetter, das ist die größte Scheide, die ich jemals gesehen habe!«

»Müssen Sie alles zweimal sagen?« macht sie pikiert ihrer Verwunderung Luft.

»Nein«, sagt der Gynäkologe, der sich tief vorbeugt, »... nein.«

»Aber«, braust sie auf.

»Das ist nur das Echo«, fällt er ihr ins Wort, »das ist nur das Echo ...«

Mitten in der Nacht & mittendrin ...

»O Erich, du tust mir mit deinem Ring weh.«

»Welchem Ring?«

Pause ... Dann:

»Himmel noch mal, Liebling. Ich hab doch glatt vergessen, meine Rolex abzulegen.«

»Mit meiner Frau geht es ganz schön bergab.«

»Wieso?«

»Na, früher lag sie mir am Herzen, heute liegt sie mir im Magen.«

(Kein Kannibalenwitz!)

Gast: »Ihre Frau hat sich ja schon wieder die Haare färben lassen.«

Wirt: »Woher kennen Sie meine Frau?«

Gast: »Aus der Suppe natürlich.«

Zimmerwirtin: »Damit das gleich klar ist — Sie dürfen Besucher nur zwischen neun und elf empfangen.«
Studentin: »Aber in dem Alter kenne ich niemanden.«

»Die jungen Leute von nebenan«, stellt Frau Fliedermüller mit lauerndem Unterton fest, »sind mächtig ineinander verknallt. Also der küßt seine Frau jedesmal, wenn sie sich treffen. Warum tust du das eigentlich nie?«

»Na hör mal«, murrt Herr Fliedermüller, »ich kenne seine Frau doch kaum.«

»Wirst du mich noch genauso lieben, auch wenn wir verheiratet sind?« haucht sie.

»Tja«, antwortet er, »wenn dein Mann nichts merkt.«

Was haben Sojabohnen und ein Vibrator gemeinsam?

Nur Fleischersatz.

Was ist der Unterschied zwischen einer neuen Frau und einem neuen Job?

Der Job schlaucht einen auch noch nach sechs Monaten.

Mit einer Ente unterm Arm kommt eine Frau in die Kneipe.

»Was bringst du denn da für eine blöde Gans angeschleppt?« lallt ein Besoffener und schüttelt sich.

»Das ist eine Ente«, wird er höflich, aber bestimmt zurechtgewiesen.

»Wer redet denn mit Ihnen?« knurrt er. »Ich hab' nur zu Ihrer Ente was gesagt.«

Sofort nach der Entbindung telefoniert Lydia mit ihrer Mutter.

»Kannst du dich noch an den netten jungen Mann erinnern, der als Chinese zum Kostümball kam?«

»Sicher, mein Kind. Was ist mit ihm?«

»Du ... Er war wirklich ein Chinese.«

Was geschah mit Heriberts Ehefrau, als sie es nach vierzehn Jahren Ehe endlich mal wieder wie die Turteltauben miteinander trieben?

Sie fiel von der Dachrinne!

»Alles nur halb so schlimm«, beruhigt der Psychiater den völlig gebrochenen Patienten. »Wer sich meine Honorare leisten kann, ist nie im Leben ein totaler Versager.«

»Sie da«, knurrt der Feldwebel. »Sind Sie der Gefreite Baumann, der dreizehn Kinder hat?«

»Nein, ich bin nur sein Gehilfe.«

Seit einer Stunde schon ist die Toilette im Eisenbahnwaggon verriegelt. Ein Reisender hält es nicht mehr aus, klopft und ruft: »Ist da jemand?«

»O nein«, ertönt es sehr gepreßt, »ganz im Gegenteil.«

Woraus schloß die Oberschwester vom Nonnenkloster messerscharf, daß sich ein Mann im Haus aufhalten mußte?

Der Klosettdeckel im WC war hochgeklappt.

Patient: »Jeden Morgen, wenn ich aufstehe, könnte ich kotzen. Erst nach zehn Minuten ist dieser üble Brechreiz vorüber ...«

Arzt: »Stellen Sie doch einfach ihren Wecker eine Viertelstunde später.«

Warum geht's dem Geisteskranken, der sich für Ludwig XIV. hielt, schon wesentlich besser?

Er glaubt jetzt nur noch, Ludwig XIII. zu sein.

Der Standesbeamte zur Braut: »Haben Sie sich gut auf die Ehe vorbereitet?«

»Ja«, haucht sie errötend. »Wir haben die ganze Nacht gestern geübt.«

Wofür sucht der Einsame die Einsame?
Zum Einsamen.

Willibald platzt in die Wohnung, überrascht seine Frau mit einem anderen im Bett …

Entrüstet sie sich: »Wie kannst du es wagen, hier hereinzustürmen. Wir wohnen doch einen Stock höher!«

Was ist eigentlich aus Margots Vaterschaftsklage geworden?

Das Gericht sucht noch das letzte Glied in der Beweiskette.

Der klapprige Manta bremst an der Zapfsäule. Der lässige Typ am Lenkrad springt ins Freie, rennt um den Wagen, schraubt den Tankdeckel auf, holt seinen Schwanz raus und fängt hingerissen zu onanieren an.

»Das ist doch nicht normal, Mann«, tippt ihn der Tankwart auf die Schulter.

»Nein, das ist Super.«

»Tja, Heiraten«, wendet sich der Standesbeamte dem Bräutigam zu, »bringt Musik in das Leben eines Mannes.«

Der Brautvater mischt sich ein: »Ich kann's nur bestätigen — man lernt schnell, die zweite Geige zu spielen.«

»Mit wem gehst du lieber ins Bett, mit einem reiferen Jahrgang oder mit einem jungen Typen?« wird die liebes- und lebenslustige Rita gefragt.

»Das ist mir völlig egal«, erwidert sie. »Der ältere braucht zwei Stunden, und der jüngere will zwei Stunden ...«

Beim lokalen Privatradio ist Tag der offenen Tür. Die Ulla, 17 Jahr', blondes Haar', strahlt vor Glück, als sie ihrem Lieblings-Deejay in die Arme rennt: »Toll, dich wollte ich schon immer mal kennenlernen.«

Kurzerhand führt er seine hübsche Bewunderin in ein leeres Studio, holt seinen Pimmel aus der Hose und sagt: »Du weißt hoffentlich, was ich hier habe.«

»Na klar«, ist Ulla vor Freude außer sich und umklammert das Ding in seiner Hand. »Hört ihr mich da draußen im weiten Radioland? Einen ganz besonders herzlichen Gruß möchte ich entsenden an Petra, Ute und an alle, die mich kennen ...«

Und noch einmal Frauen unter sich:

»Sag mal, ich habe mir sagen lassen, von deiner Operation hast du eine ziemlich lange Narbe auf dem Bauch, stimmt das?«

»Also das finde ich gar nicht nett von deinem Mann, so was rumzuerzählen.«

Ortrud hat sich endgültig von Wolf-Dietrich getrennt.
»Warum eigentlich?« möchte die Freundin wissen.
»Ach, in letzter Zeit wußte er bei mir weder ein noch aus.«

Das Liebesgeflüster in sternklarer Frühlingsnacht ...
»Schau nur — den großen Wagen!«
»Mein Gott, Walter! Solch eine wunderschöne Nacht, und du hast nur Autos im Kopf ...«

»Seit 21 Jahren korrigierst du mich, egal was ich sage«, kommt der Ehemann zum erstenmal zur Sache.
»Seit 22 Jahren, Liebling, seit 22 Jahren!«

Lieber gut drin als ...?
Fein raus!

Was ist der Unterschied zwischen Angst und Panik?
Angst bekommt man, wenn man zum ersten Mal feststellt, daß es beim zweiten Mal nicht mehr klappt.
Panik befällt einen, wenn man zum zweiten Mal merkt, daß es beim ersten Mal nicht mehr geht.

Was ist der Unterschied zwischen Picknick und Panik?
Zirka 28 Tage ...

Was seufzte der Mann, als ihm in der Klinik sein dunkelhäutiges Kind in den Arm gelegt wurde?
»Diese Frau muß aber auch alles anbrennen lassen.«

Er: »Ich gehe jetzt surfen.«
Sie: »Warum auf einmal so vornehm? Früher hast du einfach saufen gesagt.«

»Meine Frau ist krankhaft eifersüchtig«, plaudert Robert aus dem Nähkästchen. »Wenn wir abends ins Bett gehen, schaut sie aufgeregt in den Spiegel, um sich zu vergewissern, daß sie nicht meine Sekretärin ist.«

Wieso ist die Ehe wie ein Klosettdeckel?
Man hat's bequem und gemütlich, aber niemals weiß man, wer gerade vorher drauf war.

Kommt ein Ehemann unerwartet nach Hause und findet seine Frau mit einem Fremden im Bett. Er zückt seine Pistole, will beide erschießen.

»Nicht doch, Liebling«, schreit seine Frau. »Wer, meinst du, hat uns das Wochenendhaus, den Porsche und meine Pelze gekauft?«

»Sie?« hakt er perplex nach.

Der Fremde nickt.

»Dann decken Sie sich aber schnell zu, mein Lieber. Oder wollen Sie sich noch erkälten?«

»Stimmt es, daß du schon mit einem Bein in der Ehe stehst?« wird der Junggeselle gefragt.
»Ja, aber nicht in meiner.«

Wenn Junggesellen, wie behauptet, wirklich nichts von Frauen verstünden, wären sie ... was?
Verheiratet.

Feriengast: »Im Inserat hat doch gestanden, das Haus steht unter neuer Leitung. Aber vorhin habe ich denselben Chef gesehen wie letztes Jahr.«
Portier: »Er hat in der Zwischenzeit geheiratet.«

Kunde: »Ich hätte gern ein Paar Damenstrümpfe.«
Verkäuferin: »Für Ihre Gattin? Oder darf's was Besseres sein?«

»Sie sind zwar klein«, sagte Schneewittchen, »aber immerhin sieben ...«

»Ich habe einen supermodernen Haushalt — alles vollautomatisch«, schwärmt der Kollege im Büro.
»Und was meint Ihre Frau dazu?« erkundigt sich die Sekretärin.
»Nichts. Ich habe sie wegrationalisiert.«

Hella von Sinnen steht auf der Münz-Waage, kann sich kopfschüttelnd nur wundern: »Tja, das ist einer von diesen seltenen Fällen, wo man heute für einen Groschen mehr bekommt als vor zehn Jahren.«

»Platzangst haben Sie?« wiederholt der Psychiater.
»Ja, Herr Doktor«, wird der Patient konkret, »immer wenn ich ein Kondom überstreife.«

Im Sexualkunde-Unterricht platzt dem Lehrer der Kragen:
»Hörst du endlich auf, Annegret, nach jedem Satz, den ich sage, ›Au prima!‹ zu rufen!«

Was ist schlimmer als zehn tote Babys in einer Mülltonne?

Neun tote Babys — und eins lebt noch und futtert sich nach oben durch.

Zwei Atlantiküberquerer, deren Boot untergegangen ist, können sich auf einen Eisberg retten.

»Wir sind gerettet!« jubelt der eine am nächsten Tag.

»Wie — was?« schreckt der andere aus seinem Schlaf hoch.

»Sieh nur — da hinten kommt die Titanic ...«

Was ist das ... Ist 15 Zentimeter lang, und jede Frau hält ihn gerne in der Hand?

Ein Hundertmarkschein.

Sie: »Laß uns mal wieder ausgehen.«
Er: »Und wohin?«
Sie: »Ins Kino. Ich habe gehört, die zeigen jetzt Tonfilme.«

Das war der wilde, wilde Westen, wie ihn kein Hollywoodregisseur je zu zeigen wagte:

Tom Hicks möbelt mal wieder gehörig die blonde Frau des Saloonbesitzers durch. Seinen Gaul hat er unten so angebunden, daß er notfalls vom Fenster aus in den Sattel springen kann, sobald der Ehemann ins Schlafzimmer platzen sollte.

Jäh klopft es an der Tür.

Tom Hicks springt, während sie mit Unschuldsmiene die Tür aufmacht und stutzt.

Draußen steht der Gaul: »Bitte bestellen Sie Tom Hicks, daß ich im Saloon auf ihn warte. Es regnet nämlich draußen.«

Haben Sie schon von diesem schrecklichen Perversen gehört, der eine Stumme vergewaltigte und ihr hinterher alle Finger abschnitt, damit sie es nicht weitersagen konnte ...?

»War's gestern abend toll mit den hübschen Zwillingen?«

»Ja und nein.«

Auf dem Trödelmarkt.

»Dieses alte Sofa ist ja wunderschön.«

»Mmmmh, ein echtes Liebhaberstück.«

»Oh, dann kommt es für mich leider nicht in Frage. Ich bin verheiratet.«

Zwei Geier ganz unter sich. »Warum ziehst du so ein Gesicht?« wundert sich der eine.

»Ach, so ein Mist. Alle meine Freunde habe ich für heute abend zum Essen eingeladen, und jetzt ist kein Aas da!«

Gleich nach dem Riesenkrach telefoniert Ingeborg mit ihrer Mama.

»Was regst du dich auf, mein Kind? So was kommt in jeder Ehe mal vor.«

»Ja«, druckst Ingeborg. »Aber ich weiß einfach nicht, wohin mit der Leiche.«

»Könnten Sie diesen Minirock noch etwas kürzer machen?« fragt die junge Frau den Schneider.

»Gern, aber vorher müßten Sie zum Elektriker.«

»Was soll ich denn da?«

»Ihre Steckdose eine Handbreit höher verlegen lassen.«

Der Kunde im Beerdigungsinstitut ›Schöner Liegen‹: »... und bei der Beerdigung soll an meinem Grab ein Blasorchester spielen.«

»Hab' ich schon notiert, mein Herr. Und was möchten Sie hören?«

Wer fleißig wie eine Biene ist, malocht wie ein Stier, sich abrakkert wie ein Grubenpferd, abends immer hundemüde ist, der sollte schleunigst zum Tierarzt gehen.

Warum?

Vielleicht ist er ein Kamel.

Der Trinkspruch der Urologen?
»Prostata!«

Und dann war da noch die Hostess, die in der Tageszeitung inserierte:

»Meine sehr verehrte Kundschaft! Hiermit teile ich Ihnen mit, daß ich während der Wintermonate nur nachmittags geöffnet bin.«

Behandelt die Frauen mit Nachsicht! Aus krummer Rippe ward sie erschaffen, Gott konnte sie nicht ganz grade machen. Willst du sie biegen, sie bricht.

Johann Wolfgang von Goethe.

»Hast du das gelesen? Niere von Gorilla verpflanzt.«

»Tsss. Also ich würde mich nicht von einem Affen operieren lassen.«

Empört hält die Direktorin des Mädchenpensionats eine leere Packung hoch und fragt: »Wer raucht hier heimlich Blausiegel?«

Herr Hollwig zu seiner Angetrauten: »So kann das mit deinen ewigen Selbstmordversuchen nicht mehr weitergehen — sieh dir nur mal die Gasrechnung an.«

Was ist ein Spiegeleierbauch?

Wenn man einen Spiegel braucht, um sein Gelege zu betrachten.

»Meine Alten sind der Gipfel der Enthaltsamkeit«, berichtet Uwe-Oliver seiner Lehrerin. »Sie rauchen nicht, trinken nicht, schauen niemals ›Tutti Frutti‹, — und wir Kinder sind auch alle adoptiert.«

Im Urlaub am Strand. »Onkel, was machst du hier?« wird ein schöner Nackter von einem kleinen Jungen angesprochen.

»Ich sonne mich.«

»Und wo kommst du her?«

»Aus Hameln.«

Da dreht sich der Kleine um und ruft: »Mutti, was soll ich den Onkel jetzt noch fragen?«

Ein Patient klagt dem Arzt sein Leid: Gedächtnisschwund.

»Als ich heiratete, sagte meine Frau immer, Mensch, du hast nur das eine im Kopf. Jetzt habe ich glatt vergessen, was das war ...«

»Fang bloß nie was mit einem Typen an, der ein Siebenmonatekind war«, rät Gaby ihrer Freundin.

»Warum nicht?«

»Weil er sich nicht ändern wird. Er kommt jedesmal zu früh.«

Im Intercity sitzt eine Frau neben zwei Männern. Die beiden sind im Gespräch vertieft, und das hört sich so an:

»Sehen Sie das Wäldchen? Dort wird unheimlich viel gevögelt.«

»Schauen Sie diese Brücke — unter der wird unheimlich viel gevögelt.«

»Und erst in der Scheune dort. Unheimlich viel wird dort gevögelt ...«

Der Frau wird es zu bunt. »Sind die Herren aus der Gegend?« räuspert sie sich pikiert.

»Keineswegs«, entgegnet der eine, »aber es wird doch praktisch überall, gnädige Frau, unheimlich viel gevögelt, finden Sie nicht auch?«

Professor: »Wer hat in einer glücklichen Ehe die Hosen an?«
Studentin: »Keiner.«

»Gestern war ich bei der Karin. In ihrer Bude liegen jede Menge Perser herum!«

»Dachte ich's mir doch, daß sie auf Ausländer steht.«

»Verrate mir mal, Tanja, wie du morgens deinen Mann aus den Federn kriegst?«

»Mit Hundekeksen unterm Kissen.«

»Davon wird er wach?«

»Nein, das erledigt unser Riesenschnauzer, den ich dann ins Schlafzimmer lasse.«

Ein Vater zur erwachsenen Tochter: »Schrei mich nicht so an! Ich bin nicht dein Mann.«

Die drei größten Lügen, mit denen die Männer den Frauen kommen:

»Ich habe noch nie mit einer Frau geschlafen.«

»Wenn du mir einen bläst, werde ich ihn, ich schwör's dir, noch rechtzeitig rausziehen.«

»Das ist keine Herpes.«

Jens zählt zu den Männern, die eines Tages unerwartet nach Hause kommen. Er ertappt seine Frau mit einem anderen im Bett. Soweit, so bekannt.

Aber Jens schmeißt den Liebhaber im hohen Bogen hinaus, und zwar aus dem Fenster im vierundzwanzigsten Stock!

»Was hast du getan?« stottert seine Frau starr vor Entsetzen.

»Entschuldige mal«, zuckt Jens die Achseln. »Wer vögeln kann, der muß auch fliegen können.«

»Wie harmonieren Sie denn mit Ihrem Partner auf dem strikt sexuellen Sektor?«

»Ach, Doktor, mit sowas befaßt sich mein Mann nicht. Er will immer nur ficken.«

Hochzeitsreise. Hotel mit dünnen Wänden. Er: »Liebste, du bist der pure Wahnsinn. Deine Brüste, deine Beine, dein Arsch. Man müßte einen Bildhauer kommen lassen, der dich für die Nachwelt in Stein meißelt!«

Klopfen an der Tür.

»Wer ist da?« ruft er.

»Der Bildhauer von nebenan ...«

Bleiben wir bei der Kunst:

»Hübsche Frauen«, sagte Picasso, »sind wie frische Ölfarbe. Man kann der Versuchung nicht widerstehen, sie zu berühren; und dann wird man sie nicht wieder los.«

Am Amazonas trifft die Expedition auf einen Weißen, der mit einem Pfeil durch die Brust an einen Baum geheftet ist.

»Haben Sie große Schmerzen?« wird er gefragt.

Der Mann verneint: »Nur wenn ich lache!«

»Nun reicht's aber«, knurrt Hartmann und betrachtet seine vielköpfige Familie. »Jedes Jahr ein Kind, neee! Von morgen an schlafe ich auf dem Korridor.«

»Wenn du sicher bist, daß diese Methode hilft«, meint darauf seine Frau, »stelle ich mein Bett auch dort auf.«

Ein Mann kommt in die Bar, kramt ein handtellergroßes Männchen aus der Jackentasche, stellt es vor sich auf den Tresen und ruft:

»Barkeeper, zwei Whisky. Einen für mich und einen für den Colonel!«

Der Mixer serviert, beobachtet das kleine Männchen, das schwer an dem Whisky zu schlucken hat:

Nach einer Weile ruft der Gast erneut: »Zwei Whisky. Einen für mich und einen für den Colonel.«

Endlich faßt sich der Barkeeper ein Herz, fragt, was das für ein kleines Männchen sei.

Da sagt der Große: »Okay, Colonel – erzählen Sie dem Keeper, wie das war, als Sie in Afrika zu dem Medizinmann ›du schwarzes Arschloch‹ sagten ...«

Tja, und dann war da auch noch die frigide Sekretärin. Ihr Auftaupunkt lag bei 200 Mark.

Es geschah beim Raub der Sabinerinnen:

Trebonius brach in ein Haus ein, in dem er zwei wunderschöne junge Schwestern mit ihrer alten Kinderfrau fand.

»Nimm uns, wenn du willst, o Römer«, fielen die beiden flehend vor ihm auf die Knie, »doch verschone unsere gute, alte Kinderfrau.«

»Haltet euren Mund«, schrie die Alte dazwischen, »Krieg ist Krieg!«

Nach der Landung sagt der Captain der Chartermaschine zur neuen Stewardess: »Unsere Triebwerke stehen jetzt für vierundzwanzig Stunden.«

»Au fein«, haucht sie hingerissen.

Zwei Schluckspechte nach Lokalschluß. »Gehen wir Nutten ärgern.«

»Wie geht das denn?«

»Zum Autostrich fahren, hundert Mark bezahlen und dann einfach Vollgas geben und abhauen.«

»Nie im Traum hätte ich gedacht«, staunt Max-Dieter nach der Biologiestunde, »daß Mädchen so wichtig sind ...«

»Was steht auf der Armbinde des schwarzen Epileptikers?«

»Ich bin kein Breakdancer!«

Frage: Welches Geräusch ertönt, bevor ein Schamhaar auf den Boden fällt?

Antwort: Ein lautes Ausspucken!

Wie lautet das Geheimnis einer glücklichen Ehe?
Die Geliebte und die Ehefrau kommen mehrmals in der Woche.

Was sagen die Amerikaner zu einem Büstenhalter made in Germany?
»Oh, that's a Stoppenzumfrumfloppen ...«

Was hat unzählige blitzende Zähne und verschlingt pausenlos kleine Würstchen?
Ein Reißverschluß.

Was ist das erste, was Kannibalen erledigen, bevor sie Nieren zubereiten?
Die Pisse rauskochen!

Warum ist die Ehe wie ein Bad?
Kaum hast du dich daran gewöhnt, ist es nicht mehr so heiß.

Worauf kann man immer noch hoffen, wenn man von einem Wal verschluckt wurde?
Auf den großen Pups.

»Wetten, naß?« ...
... hauchte das langbeinige Teenmädchen, das am dunklen Hinterausgang auf Thomas Gottschalk wartete.

Haarscharf vor der Trauung:
»Was regen Sie sich so auf, Mann! Ich habe Ihrer Braut nur noch mal gezeigt, was sie nach der Hochzeit nicht mehr tun darf.«

Haarscharf nach der Scheidung:
»Und wenn ich den Unterhalt nicht mehr zahlen kann, Herr Anwalt, darf sie mich dann zurückverlangen?«

Männer sind wie Bäume. (Richtig Moos haben sie erst, wenn sie alt sind.)

»Dein neuer Hut gefällt mir ausgezeichnet, Liebling.«
»Aber er verdeckt mir doch mein ganzes Gesicht.«
»Eben!«

»Edgar, wo bist du gerade?«
»Im Wohnzimmer, mein Täubchen.«
»Doch nicht etwa in dem guten Sessel?«
»Nein, auf dem Boden.«
»Dann schlag sofort den Perser zurück!«

Warum trägt die rothaarige Sekretärin im Großraumbüro keine tiefausgeschnittenen, hautengen Pullis mehr?
Weil sie keine Tippfehler mehr macht.

Richter: »Haben Sie mit dem Angeklagten korrespondiert?«
Zeugin: »Ja, aber nur dreimal im Auto.«

Sauber, sauber!
»Was ich gestern erlebt habe«, rollt Erich mit den Augen. »Eine absolute Wuchtbrumme schleppte mich in ihr Appartement ab, ließ Wasser in die Badewanne, zog sich splitternackt aus und fragte mich, ob ich auch baden wolle. So ein Pech aber auch, ich hatte diese Woche nämlich schon gebadet.«

Es soll ja Frauen geben ...
... die ziehen sich auf Kredit an und gegen bar aus!

»Marieluise! Auf der Stelle gehst du von den Knien des jungen Mannes runter.«

»Nein, Mutti, ich war zuerst hier!«

»... Und dann bestand er darauf, daß ich ihm Modell stehen sollte.«

»Ohne was an?«

»Mmmh.«

»Hast du ihm gesagt, daß du kein Aktmodell bist?«

»Schon. Aber er meinte, macht nichts, er sei auch kein Maler.«

(Womit wieder einmal bewiesen ist, daß das schönste Streichinstrument der Pinsel ist.)

Zwei Rentner auf der Bank im Park. Ein überaus verschärftes Wesen in blond, schlank und Kurven stöckelt an ihnen vorbei.

»Man müßte noch mal zwanzig sein«, seufzt der eine.

»Ohne mich«, protestiert der andere. »Wegen der fünf Minuten arbeite ich doch nicht noch einmal 45 Jahre!«

»Was hältst du von der neuen Pariser Mode?« fragt der Füllfederhalter den Kugelschreiber.

»Gar nichts«, erwidert der Kugelschreiber. »Ich verlass' mich lieber auf meine Spirale.«

»Ich hasse nackte Wände!« ...
... sagte der Single und tapezierte sein Klo mit lauter Nacktfotos.

Und dann gab es da noch den Kavalier, der seiner Frau die Tür aufhielt, während sie das Gepäck ins Hotel schleppte!

»Na hör mal, Mäuseschwänzchen — mußt du jetzt bereits in aller Herrgottsfrühe schon besoffen sein?«

»Ja, muß sein«, antwortet er lallend. »Der Arzt hat gesagt, ich darf die Tabletten unter keinen Umständen nüchtern einnehmen.«

»O Liebster, ich wünsche mir so sehr ein Baby.«

»Was sagst du mir das? Bin ich der Klapperstorch?«

Sperma ...
ist das Kind im Manne!

Was ist der Unterschied zwischen einem Storch und einem Berliner?

Keiner. Beide haben eine große Klappe und den Drang nach Süden.

Schwiegervater in spe: »Können Sie meine Tochter denn auch unterhalten?«

Schwiegersohn in spe: »Klar doch. Ich kann auf dem Kamm die Top Ten rauf und runter blasen und habe über hundert Videokassetten.«

Weswegen hat Hofstetters Sohn in Amerika heiraten müssen?

Er war in Carolina!

Lehrerin: »Hat jemand von euch schon mal einem anderen das Leben gerettet?«
Die kleine Mara: »Ja ich — meinem Neffen.«
Lehrerin: »Und wie?«
Die kleine Mara: »Ich habe einfach die Antibabypillen meiner Schwester mit Süßstoff vertauscht.«

Sekretärin: »Herr Direktor, ich habe eine tolle neue Stellung.«

»Au fein, dann schließen Sie mal rasch die Tür hinter sich ab.«

Der Uwe hat wieder im Bett versagt.

Seine Frau, kleinlaut: »Entschuldige, Schatz, da habe ich beim Waschen des Lakens wohl wieder zuviel Weichspüler genommen.«

»Ich war im Schönheitsalon«, entschuldigt Sieglinde ihr spätes Heimkommen.

Mault ihr Mann: »Und weshalb bist du nicht drangekommen?«

Richter: »Warum haben Sie Ihre Schwiegermutter aus dem fahrenden Wagen geworfen?«
Angeklagter: »Aber es war doch im Halteverbot.«

Partygeflüster …

»Ich möchte ja mal wissen, aus welchem Anlaß die schrille Blonde da hinten so einen gewagten tiefen Ausschnitt trägt.«

»Aus zwei Anlässen.«

»So ist meine Frau — fällt vor mir auf die Knie und zieht mir jedesmal die Schuhe aus ...«

»Wenn du aus dem Büro kommst?«

»Nein, wenn ich abends in die Kneipe will.«

Warum blieb Bruno Moser im Zoo vor dem Käfig wie angewurzelt stehen, in dem ein Löwe brüllte?

Weil er gespannt war, was für einen spannenden Film Metro-Goldwyn-Mayer diesmal präsentierte.

»Eigentlich hat's mir der Doktor strengstens verboten«, zögert sie, als er sie aufs Bett zieht.

»Bist du krank?«

»Nein, mit dem Doktor verheiratet.«

»Was bedeutet Glatze vorn?« — »Ein Denker.« — »Glatze hinten?« — »Guter Liebhaber.« — »Glatze vorn und hinten?« — »Einer, der denkt, er sei ein guter Liebhaber.«

»In der Suppe schwimmt ein Hörgerät, Herr Ober.«

»H-hä?«

Dicke Luft. Das Ehepaar hat sich gestritten. Sie schließt sich im Schlafzimmer ein. Er zieht ins Wohnzimmer auf die Couch. Nach einigen Stunden klopft es laut an die Schlafzimmertür. »Nein, ich lasse dich nicht rein«, ruft sie.

Wieder Klopf-klopf, dann er ganz sanft: »Willst du gar nicht sehen, womit ich klopfe, Liebling?«

Was sagte die Frau des Sexualwissenschaftlers, als sie mitten in der Nacht geweckt wurde?

»Ach nö, nicht schon wieder fachsimpeln!«

Wie um alles auf der Welt kam der Guido nur darauf, seinen einzigen Sohn auf den Namen Hamlet zu taufen?

Sein oder nicht sein, das ist die Frage …

Die hübsche Sonntagsreiterin rutscht immer wieder vom Pferd.

»He!« ruft der junge Reitlehrer. »Sie sollen das Pferd reiten, und nicht massieren.«

»Sie sind aber ungemein informiert über Lehmanns Familienverhältnisse!«

»Tja, wir hatten in der Urlaubszeit ihren Papagei bei uns in Pflege.«

»Papi, kann man schwere Möbel mit der Post verschikken?«

»Nein, Junge.«

»Warum hat dann heute früh der Beamte unseren Flügel frankiert?«

In der Disco haben sich Kerstin und Hella zwei Bundeswehrsoldaten angelacht.

»Wie war's?« fragt Kerstin am nächsten Morgen ihre Freundin.

»Etwas zach. Meiner ist bei einem Nachrichtentrupp, verstehst du – dauernd wollte er mit mir Verbindung aufnehmen. Und was hat deiner gesagt?«

»Nichts«, schmunzelt Kerstin. »Er gehört einem Stoßtrupp an.«

Was sagt das Mädchen zum Mann, der sich zehn Kondome über alle Finger streift?

»Klar bin ich für Verhütung, aber kennst du dich wirklich mit den Dingern aus?«

Was waren die Worte des Scheichs, als er seine vierundvierzig Frauen zusammenrief?

»Tut mir leid, aber ich habe mich in einen anderen Harem verliebt ...«

Der süße Versprecher in der Silvesternacht:

»Herr Langmann hat mir Prosit Neujahr in neun verschiedenen Stellungen, äh, Sprachen gewünscht.«

Der Versprecher in der Schreber-Gartenlaube:

»Ich geh' jetzt in die Gurken kacken, äh, in den Garten kucken.«

Der vor dem Sendetermin gerade noch herausgeschnittene Versprecher in der Familienserie:

»Mutter ließ die Förze knallen, äh, Schürze fallen.«

Wieso feiert der Ernst-Erwin jetzt schon blecherne Hochzeit?

Na, zehn Jahre Essen aus der Konservendose ...

»Wie wär's mit einem tollen Picknick?« zwinkert er ihr im tiefen Wald zu.

»Einverstanden. Aber wollen wir nicht zuerst etwas essen?«

Lilo zum Vermieter: »Haben Sie ein Glück! Ich kann meine Miete schon wieder nicht zahlen.«

Unter guten Freunden:
»Was ist wichtiger — ein langer Schwanz oder eine ausgefeilte Technik?«
»Die Technik.«
»Soso, wieder einer mit'm kurzen.«

Beim schönsten Rammeln fliegt ihr Kopf hoch: »Hast du schon mal einen Staubsauger verkauft?«
»Nein«, ächzt er, »wieso?«
»Dann schnapp dir jetzt schnell den Staubsauger und probier's mal. Mein Mann kommt.«

Warum lächeln alle Frauen auf den Briefmarken so glücklich und vergnügt?
Weil sie hinten geleckt und vorne gestempelt werden!

»Mein Herz ist bereits vergeben«, kreischt sie los, als sie in die dunkle Ecke gedrängelt wird.
»Schon gut«, beruhigt er sie, »so hoch hinaus will ich nicht.«

»Mein Verlobter«, schluchzt Sybille jämmerlich, »behandelt mich wie einen Hund. Der Kerl verlangt, daß ich ihm treu bin ...«

Im Sex-Shop wird genörgelt.
»So ein Pfusch — die roten Kondome, die Sie mir gestern verkauft haben, färben ab«, beschwert sich die Kundin.
Ein älterer Herr mischt sich kopfnickend ein: »Und außerdem knicken sie in der Mitte ab!«

»Was ist denn?« fragt der Barkeeper, als sein Gast mißmutig von der Toilette zurückkommt.

»Also nein ... Jemand hat an die Wand geschrieben: ›Gudrun ist die geilste Bläserin der Welt‹ ...«

»Denken Sie sich nichts dabei«, sagt der Barkeeper tröstend, »solche Arschlöcher gibt es überall.«

»Ja«, knirscht der Gast mit den Zähnen, »aber eins von diesen Arschlöchern hat die Telefonnummer darunter weggekratzt.«

Es ist soweit. Zum erstenmal gehen sie miteinander ins Bett.

»Paß auf«, sagt sie. »Ich hab's nämlich im Kreuz.«

»Danke für den Hinweis«, sagt er. »Ich hätte es sonst glatt an der üblichen Stelle versucht.«

Nach den ›Tagesthemen‹ verzieht sich das frischgebackene Ehepaar in die Federn. Nicht lange, und die junge Frau setzt sich unübersehbar frustriert im Bett auf: »Aber Schatzi? Schon fertig? Warum immer so ruckzuck?«

»Verdammt noch mal«, knurrt er sie an. »Woher weißt du, daß es auch länger dauern kann, he?!«

Neues von der Gesundbeterfront:

»Zigarette?« fragt der Porschefahrer die Autostopperin.

»Bloß das nicht.«

»Im Handschuhfach hätte ich einen guten Cognac ...«

»Brrrr«, schüttelt sie sich vor Ekel.

Wenig später schlägt das Mädchen eine kleine Fahrpause vor. Als sie sich auf dem einsamen Autobahnparkplatz wieder anzieht, meint sie aufmunternd: »Na, siehst du, es geht doch auch mal 'ne Weile ohne Qualmen und Saufen.«

Was kann ein Mann, der unter dem Gamsbart-Syndrom leidet?
Sich sein Ding an den Hut stecken.

»Krampfadern an dieser Stelle?« staunt der Arzt.
»Warum denn nicht?« zuckt der Patient die Achseln. »Von dem vielen Stehen …«

»Was für ein Paar!« …
… entfuhr es dem Stiefelfetischisten vor dem Schuhgeschäft.

Ein junger Mann auf der Wiese macht Liegestütze.
»Geben Sie sich keine unnötige Mühe«, wird er von einem älteren Spaziergänger angesprochen, »die Dame unter Ihnen ist längst gegangen.«

»Immer wenn ich eine Zigarette sehe«, bekennt die knackige Patientin, »befällt mich ein wahrer Heißhunger auf Sex, Sex, Sex. Können Sie mir helfen?«
»Ein schwieriger Fall«, murmelt der Doktor. »Rauchen wir erst mal eine in Ruhe …«

Er: »Wie findest du meine neue Hose?«
Sie: »Offen gestanden, toll.«

Bleiben wir bei dieser Hose …
Im Restaurant:
»Pardon, Herr Ober, Ihre Hose steht offen.«
»Entschuldigung, gnädige Frau.«
»Schon gut — und was können Sie mir sonst noch empfehlen?«

Wer wird für das teuer bezahlt, wofür andere Männer eins auf die Finger kriegen würden?
Der Masseur!

»Willst du nun zu mir ins Loch, oder traust du dich etwa nicht?« …
… fragte die Maus den Mäuserich.

Nach einer halben Weltreise geht das Schiff im Heimathafen vor Anker.
»Was wirst du zu Hause als erstes tun?« stößt ein Matrose den anderen an.
»Meine Frau ficken.«
»Und danach?«
»Schleudere ich meinen Seesack in die Ecke.«

»Hast du schon gehört, die Tonia erwartet ein Baby?«
»Kann mir schon denken, von wem.«
»Dann sag es ihr. Es würde ihr weiterhelfen.«

»Herr Ober, bitte einen Zahnstocher.«
»Bedaure sehr, im Moment sind alle leider besetzt …«

Was sagte der Dietrich zum Vorhängeschloß?
»Sei doch nicht immer gleich so eingeschnappt …«

Was sagte die Mutter zum Vater, als der Sohn mit vier heißen Schwestern im Bett lag?
»Tsss, erst gestern noch hast du dich beklagt, der Junge könnte nicht mal bis drei zählen!«

Was ist der Unterschied zwischen Tanzen und Catchen?
Beim Catchen sind einige Griffe nicht erlaubt.

Die schönste Liebeserklärung:

»Wenn du schon keine Lust zum Sex hast, dann laß uns wenigstens ein bißchen bumsen ...«

Die ehrlichsten Worte einer Mutter:

»Unser Sohn hat uns bisher nur ein einziges Mal Freude bereitet, und zwar – neun Monate vor seiner Geburt.«

Anne zur Kollegin: »Hat der Neue eigentlich schon seinen Einstand gegeben?«

»Ja, bei mir und bei Christine ...«

Was sagte Frau Engelhardt, als es im Treppenhaus rumste, polterte und krachte?

»Das ist mein voller Ernst.«

Wenn die Liebe das Licht des Lebens sein soll, dann ist die Ehe ...

... die Stromabrechnung!

In der Aufbahrungshalle gehen der Witwe die Augen über: Ihr Mann ist ganz in Weiß gekleidet.

Eilig drückt sie dem Friedhofsangestellten einen Hundertmarkschein in die Hand, damit er die Sache regelt.

»Bitte schön«, sagt er ein paar Minuten später.

»Wie haben Sie das bloß so schnell geschafft?« starrt sie auf den Toten im elegant schwarzen Anzug.

»Tja«, winkt er lässig ab, »für einen Hunderter werden nur die Köpfe ausgewechselt.«

»Wie heißen Sie?« erkundigt sich der Psychiater.

»Winston Churchill.«

»Jetzt habe ich Sie wieder parat — waren Sie nicht vor zwei Jahren Margaret Thatcher?«

»Das ist mein Mädchenname.«

Die vier märchenhaften Augenblicke im Leben einer Frau:

1. *Als Kind wird ihr gesagt: »Schnell ab ins Bett, und ich erzähle dir ein Märchen.«*
2. *Als Teenager wird ihr erst ein Märchen erzählt, damit sie dann ins Bett hüpft.*
3. *Als Twen wird ihr versichert, sie sei ein Märchen im Bett.*
4. *Und was hört sie danach nur noch: »Erzähl keine Märchen — komm ins Bett!«*

Es geschah beim Tanztee ...

Schon zum x-tenmal beobachtet Peter Muffler, wie die schönsten Mädchen mit einem völlig nichtssagenden Typen nach irgendwohin verschwinden. »Verstehen Sie das?« flüstert er dem Kellner zu, der wie er den Kopf verdreht, als der seltsame Gast bereits das neunte Girl abschleppt.

»Nein. Der Kerl sieht doch wirklich nicht nach was aus, klein und untersetzt — sagt kaum ein Wort. Er sitzt bloß da an seinem Tisch und leckt sich die Augenbrauen ...«

In der Münchner S-Bahn sind ein Mann und eine Frau allein im Abteil. Er beugt sich plötzlich vor, fummelt aufgeregt an ihren Brustwarzen herum. Sie schallert ihm eine.

»Ich wollte doch nur Radio Luxemburg einstellen«, entschuldigt er sich kleinlaut.

»Pah!« lacht sie verächtlich auf. »Bei der kurzen Antenne kriegen Sie doch noch nicht mal Radio Gong 2000 rein.«

»Vati, weshalb schieben wir unser Auto über die Klippen?«

»Pssst, mein Junge, sonst wacht Omi auf.«

Die Geschwister Franke und Anke kommen aus der Schule.

»Wie weit seid ihr heute im Sexualunterricht gekommen?« fragt die Mutter beim Mittagsessen den kleinen Franke.

»Bis zum Bauchnabel.«

»Und ihr?« wendet sich die Mama der kleinen Anke zu.

»Wir bumsen morgen.«

Aus dem Alltag eines Italieners, der beim Elektrizitätswerk eine Anstellung als Stromableser fand.

Eine attraktive Hausfrau öffnet auf sein Klingeln.

Er, sich höflich verbeugend: »Ich kommen, um sehen wollen, wie viele Nummern du machen bei Licht.«

Hinter dem Rücken der entgeisterten Frau taucht der Herr des Hauses auf, ballt beide Fäuste.

Protestierend weicht der Stromableser einen Schritt zurück: »Wenn du mir nicht zeigen, wie viele Nummern du machen bei Licht, ich dich abzwicken mit Zange. Dann deine Frau müssen arbeiten mit Kerz!«

Der kleine Angestellte: »Auf den Tag genau, Herr Direktor, bin ich heute dreißig Jahre in Ihrer Firma tätig.«

»So! Dann sind Sie es, der die tiefen Löcher in den Läufer auf dem Gang getreten hat.«

Ortrud hat Besuch. Voller Stolz zeigt sie ein altes Foto her, das sie auf dem Arm ihrer Mutter präsentiert.

»So sah ich vor zweiundzwanzig Jahren aus.«

»Hübsch«, entfährt es ihrem Besuch. »Und wer ist das Baby, das Sie im Arm halten?«

Was gibt's Neues von der Schwiegermutter? ...

»Wenn es dir hier nicht mehr paßt«, brüllt er seine Frau an, »dann pack deine Sachen und zieh Leine zu deiner Mutter!«

Eiskalt serviert sie ihm den Schock seines Lebens: »Nein, mein Lieber — diesmal lasse ich sie herkommen.«

»Mami, ich bin schwanger.«

»Um Himmels willen, wo hattest du nur deinen Kopf?«

»Unterm Lenkrad.«

»Ich glaube, meine Frau betrügt mich«.

»Wie kommst du darauf?«

»Wir sind von Berlin nach München umgezogen und haben immer noch denselben Briefträger.«

Zwei Schluckspechte an der Theke.

»Ach, meine Frau ist ein Engel.«

»Du hast es gut. Meine lebt noch.«

»Ich hätte mal wieder große Lust, unsere Tippse zu vernaschen.«

»Du hast mit ihr gepudert?«

»Nein, aber schon oft Lust dazu gehabt.«

»Junge«, kann sich der Vater nicht beruhigen, »deine neue Flamme sieht ja noch erbärmlicher aus als alle davor.«

»Und das wundert dich? Mit deiner alten Karre gabelt man heutezutage nichts anderes auf.«

Ein Mann im Reisebüro: »Ich suche für meine Frau einen Winterkurort in den Bergen. Haben Sie was besonders Hübsches mit Lawinengefahr?«

»Sind Sie zufrieden mit dem neuen Hörgerät«, erkundigt sich der Arzt bei dem alten Millionär.

»Und wie«, reibt sich der die Hände, »schon fünfmal habe ich mein Testament geändert.«

Rotkäppchen ist mit dem Körbchen unterwegs. Da begegnet es im tiefen Walde dem bösen Wolf.

»Drei Wünsche hast du frei, bevor ich dich fresse«, grient er bis zu den Ohren.

»Fick mich«, bittet Rotkäppchen.

Der böse Wolf fügt sich.

»Und jetzt fick mich gleich noch mal«, fleht Rotkäppchen.

Der Wolf holt tief Luft, läßt sich nicht lumpen.

»Wahnsinn«, jubelt Rotkäppchen danach. »Aller guten Dinge sind drei.«

Er will ja, der Wolf, aber nach dem ersten Stoß bricht er tot zusammen.

Vergnügt pfeifend setzt Rotkäppchen den Weg zur Großmutter fort. Der Förster springt hinter dem Gebüsch hervor, hebt mahnend den Zeigefinger:

»Aber, aber, Rotkäppchen, das war schon der fünfte Wolf in einer Woche!«

»Bist du auch schon mal künstlich besamt worden?« horcht eine Muttersau die andere aus.

»Nein, ich hab' bisher immer Schwein gehabt.«

»Deine Frau hat dich gestern vor versammelter Runde einen elenden Bigamisten geschimpft.«

»Oh, welche denn?«

Typisch Junggeselle:

»Alle Frauen kann ich leider nicht ausprobieren, bevor ich mich für eine entscheide. Aber ein paar Stichproben möchte ich vorher schon machen.«

Und dann war da noch die Hanni, die auf der Schönheitsfarm Urlaub machte …

… um sich mal richtig zu entfalten!

Was sagt der schlaue Yuppie, der seine neueste Eroberung in die teuerste Gourmet-Oase ausführt?

»Na, Dickerchen, was möchtest du bestellen?«

Ausgerechnet das ›Pfläumchen‹ aus dem Tutti-Frutti-Ballett kommt zum Psychiater.

»Ich tippe auf Gedächtnisschwund«, klagt sie ihr Leid. »Nach ein paar Minuten habe ich alles, was war, total vergessen.«

»Na Klasse«, läßt der Doktor seine Hose fallen. »Dann machen Sie sich mal frei und husch auf die Couch.«

IV

»Bei Ihnen komme ich noch hinter Schloß und Riegel!« sagte der Minnesänger zum Burgfräulein im Keuschheitsgürtel.

Warum riechen Fürze so?
Damit auch Schwerhörige ihren Spaß haben!

Weshalb mußte Miß Piggy ihren Liederabend absagen?
Sie hatte einen Frosch im Hals.

Was war passiert, daß der Leprakranke in den Waschraum zurückmußte?
Er hatte beim Duschen seinen Hals und die Schultern vergessen ...

Was hat eine Batterie mit Opas Pimmel gemeinsam?
Die Trockenzellen.

Wozu ist der Bauchnabel einer Frau geradezu ideal? Als Ablage für deinen Kaugummi, bevor es mit dir weiter abwärts geht.

Was sagte der italienische Großindustrielle, als man ihm ein Ohr seines entführten Sohnes schickte?
»Keine Polizei — wir warten einfach, bis wir alle Teile haben, und dann setzen wir ihn selber wieder zusammen ...«

Eine Nutte zur anderen Nutte:
»Ich kann sie meilenweit gegen den Wind riechen, diese Schwänze ...«
»Dann mal schnell rüber mit dem Wrigley's Spearmint!«

»Du hast ja auf einmal ganz rote Augen«, flüstert Andrea ihrem grauen Panther zwischen den Schenkeln zu.
»Verflixt«, röchelt er, »steht das Ding schon wieder auf Reserve.«

»Unglaublich, was die Medizin in den letzten Jahrzehnten für Fortschritte gemacht hat.«
»Wie, warum, Oma?«
»Na, wenn ich als junges Mädchen zum Doktor kam, mußte ich mich immer völlig entkleiden. Heutzutage reicht es vollauf, wenn ich kurz mal die Zunge zeige.«

»Zu schade«, faßt die achtjährige Jill ihre Ferien auf dem Bauernhof zusammen, »daß der Hahn so schwerkrank war. Die ganze Zeit mußten ihn die Hennen auf dem Rücken herumtragen.«

Sie: »Wollen wir nicht mal ausgehen und uns amüsieren?«
Er: »Okay. Und wer als Letzter nach Hause kommt, macht das Licht im Flur aus.«

Was müssen Sie, wenn Sie in einer Sommernacht durch den Wald fahren und auf einem Baum eine nackte Frau sitzen sehen?
Die Scheinwerfer neu einstellen lassen.

Zwei werdende Väter aus Deutschland gehen in der Pariser Klinik auf Hochdeutsch die Wände hoch.
»Daß das mir und im Urlaub passiert«, schimpft der eine.
»Was soll ich erst sagen? Auf unserer Hochzeitsreise sind wir!«

Was rief der Schwule seinem Schätzchen zu, als er im Badezimmer den Präser fein säuberlich zuknotete?

»Ich pack' dir gerade noch 'n Snack für zwischendurch ein ...«

Wußten Sie schon, daß der ›Playboy‹ demnächst ein Monatsmagazin speziell für verheiratete Männer herausgibt?

Mit einem echt ehelichen Thrill: Das Ausklappfoto ist jeden Monat — dasselbe ...

Was ist der Unterschied zwischen einer sinnlichen Pianistin und einem übersinnlichen Engel?

Die Pianistin braucht nur einen Flügel.

Michelangelo persönlich pinselt die Decke der Sixtinischen Kapelle. Vor dem Altar sieht er eine Alte beten. Michelangelo sticht der Hafer. Er ruft von oben herab: »Ich, Jesus Christus, werde gleich ein Wunder geschehen lassen. Bist du bereit, Frau?« Keine Reaktion. Michelangelo wird lauter: »Ich sagte dir, ich bin Jesus Christus und werde ...«

»Schnauze, Kleiner«, fällt ihm die alte Frau ins Wort, »ich rede gerade mit deiner Mutter.«

Schwer angeschlagen offenbart sich der Mann seinem Psychiater:

»Auf Dienstreise war ich und telegrafierte meiner Frau, daß ich bereits heute zurückkehren würde. So was! Vor einer Stunde, Herr Doktor, schließe ich die Tür auf, und was sehe ich? Meine Frau mit einem Kerl im Bett. Warum, frage ich Sie, Doktor, warum nur?«

Der Psychiater muß nicht lange überlegen. »Garantiert hat Ihre Frau das Telegramm nicht bekommen.«

Von seinem Kumpel erfährt Armin, wie man jede Nacht ein anderes williges Girl auf die Couch kriegt.

»Wenn ich mit einer verabredet bin, parke ich vor der nächsten Apotheke und sage ihr, ich hol' nur schnell ein paar Kondome. Wenn sie im Wagen sitzenbleibt, habe ich Grünlicht. Wenn nicht, habe ich noch genug Gelegenheit, die Nächste anzubaggern ...«

Und so geht es Armin noch am selben Abend an. »Kleinen Moment«, zwinkert er gekonnt dem Mädchen an seiner Seite zu, »ich hol' mir nur was zum Überstreifen aus der Apotheke.«

»Na super«, freut sie sich, »dann kannst du mir gleich eine Packung Tampons mitbringen.«

Der Industrielle aus Rostock, soeben von seiner ersten Geschäftsreise zurück, gerät ins Schwärmen:

»O Mann, wie ich da in dem Café in Paris sitze, kommt eine Mademoiselle! Lächelt mich an, ich lächle zurück. Sie steigt in ein Taxi, ich spring' in das nächste und hinterher. Ihr Taxi hält, sie springt ins Freie. Ich ihr nach. Als die Fahrstuhltür zuklappt, zwänge ich mich noch zu ihr rein ...«

Pause.

»Ja, und wie ging's weiter?« wird er gefragt.

»Ach, dann war alles eigentlich genauso wie hier bei uns in Rostock.«

Und was sagte die Ehefrau, die tief in der Nacht von ihrem Mann wachgestreichelt wurde?

»Dafür weckst du mich? Du weißt doch, wo alles ist ...«

Das kleine Nummernspiel für berechnende Typen:

Lieber drei vor zwölf als überhaupt keine nach eins!

In der Hochzeitsnacht kann sie plötzlich nicht mehr.
Schluchzt sie: »Was ist, wenn ich jetzt neun Kinder auf einmal kriege, he?«

Eine Witwe verlangt im Geschäft ein Totenhemd. »Wollen Sie eins für 30 oder für 50 Mark?« fragt die Verkäuferin.
»Was ist der Unterschied?« versteht die Witwe nicht.
»Das für 50 Mark, gnädige Frau, ist bügelfrei.«

Die schmutzige Lache aus der Direktionsetage.
»So, dann lesen Sie den Brief noch mal vor«, fordert der Chef seine Sekretärin auf. »Ich bin sehr gespannt auf Ihre Version.«

Edgar ruft auf das Zeitungsinserat ›Fotomodell frei‹ hin an.
»Soll ich meine ganze Fotoausrüstung mitbringen?« fragt Edgar.
»Hauptsache Ihr Stativ«, flötet es ihm entgegen.

Und das waren die letzten Worte der Turmspringerin:
»Uiii, ist das Wasser heute aber klar ...«

Der neue Gast in der exklusiven Bar wundert sich. Alle Hocker sind numeriert.
Sein Nebenmann klärt ihn mürrisch auf: »Der Barkeeper dreht jede halbe Stunde am Roulette. Wessen Zahl kommt, darf im Séparée beim Gruppensex mitmachen.«
»Yeah!« freut sich der Gast. Er stutzt. »Und warum machen Sie so'n Gesicht?«
»Ich hab' kein Glück mit meiner Nummer, dafür meine Verlobte — sie ist bereits zum vierten Mal nebenan ...«

Noch mal Bar mit Séparée.

»Was haben Sie für einen schönen Hund«, staunt die Barfrau.

»Mein Buddy kann alles«, strahlt der Gast. »Sogar eine Frau verwöhnen.«

Die Barfrau ist skeptisch, aber neugierig. Sie führt Herr und Hund ins Séparée. Als sie nackt auf dem Boden liegt, gibt er das Kommando: »Los, Buddy, besorg es ihr!«

Das Tier reagiert nicht.

»Na schön, Buddy«, gibt sich der Mann geschlagen und knöpft sich die Hose auf. »Jetzt zeig ich's dir aber wirklich zum allerletzen Mal, verstanden?!«

»So, und nun sagen wir schön ›Ah‹!« …

… lauteten die letzten Worte des Arztes, dessen Patient Feuerschlucker war.

Was sagte die Mutter, als sie ihren Sohn mit dem Freund auf der Klappcouch erwischte?

»O mein Junge, was ist denn bloß in dich gefahren?«

Zwei Männer im Bett.

»Partnertausch ist Klasse.«

»Ja. Möchte nur wissen, was unsere Frauen gerade treiben.«

Richter: »Na, Ihr Gesicht kenn ich doch. Wie viele Male sind Sie vorbestraft?«

Angeklagter: »Überhaupt nicht.«

Richter: »Und woher sind Sie mir so bekannt?«

Angeklagter: »Aus Ihrer Videothek. Ich arbeite in der Abteilung Hard Pornos …«

Was fragt die Frau des Pornodarstellers, wenn er von der Arbeit nach Hause kommt?

»Na, hattest du wieder einen harten Tag, mein Schatz?«

Ein alter Mann hockt auf der Bank und heult. Ein Jogger bleibt mitfühlend stehen.

»Ach wissen Sie — über achtzig bin ich, und daheim wartet eine junge Frau auf mich, kann's gar nicht erwarten, wieder mit mir ins Bett zu springen …«

»Es klappt nicht mehr, was?«

»Doch, doch, das ist nicht das Problem. Ich hab' nur vergessen, wo ich wohne.«

Was sagte der Psychiater zur schizophrenen Patientin?

»Tut mir leid, ich versteh' kein Wort, wenn Sie beide gleichzeitig sprechen …«

Dorothea: »Gestern hat mich mein Mann fast eine ganze Fernsehsendung hindurch geliebt.«

Freundin: »Toll … Welche Sendung war es denn?«

Dorothea: »Die Ziehung der Lottozahlen.«

Ein vornehmes Restaurant. Der Mann am Fenster sitzt allein am Tisch, sieht die schöne Frau — auch solo. Er geht zu ihr, fragt höflich, ob er sie einladen dürfe.

Empört kreischt sie durch das ganze Lokal: »Ficken wollen Sie mich, Sie ungehobeltes Schwein?«

Errötend tritt er den Rückzug an unter den entrüsteten Blicken der Gäste.

Minuten später kommt die schöne Frau an seinen Tisch. »Entschuldigung«, flüstert sie, »ich bin Psychologin und wollte lediglich testen, wie ein Mann in einer peinlichen Situation reagiert.«

Wütend springt er vom Sitz hoch, brüllt durch das

ganze Restaurant: »Was? Fünfhundert Mark für eine Nummer? Da suchen Sie sich mal einen anderen Dummen, Sie Schickificki!«

Was telegrafierte der brave Butler dem Ehemann in der Kur?
»Zwei Glühbirnen und die gnädige Frau durchgebrannt.«

»Kommt eine Frau zum Arzt ...«
»Scheiße, nicht immer Witze vom Arzt.«
»Okay. Kennst du den? Die Frau des Arztes bekommt ein Kind ...«
»Ich sagte doch: nicht vom Arzt!«
»Eben.«

»Du, die Kleine aus der Buchhaltung ist 'ne ganz Flotte.«
»Aber nicht umsonst. Das ist eine Handelsflotte.«

»Ich komme wegen Ihrer Veranlagung«, räusperte sich der Finanzbeamte an der Wohnungstür.
»Hereinspaziert!« jubilierte der junge schöne Mann in den höchsten Tönen.

Was ist der Unterschied zwischen RTL plus und Yoghurt?
Yoghurt hat Kultur.

Was gilt als der größte Rückfall ins wilde Dschungelleben?
Tarzans Vorhaut.

Woran ist leicht zu erkennen, daß eine Frau im Bett lügt?
Wenn sich ihre Lippen bewegen ...

Was ist wirklich ekelhaft?

(Empfindliche Gemüter bitte weiterblättern!)

Antwort (Haben Sie weitergeblättert?): Zwei Fadenwürmer, die in einer grünen Aule Liebe machen …

Zuerst die Antwort: Sie machte den Patienten, ohne das Bett zu wecken. Wie lautet die Frage?

Was tat die hübsche Krankenschwester in ihrer Zerstreutheit?

Warum saufen Elefanten?

Um zu vergessen!

Mutti platzt ins Bad. Ihr Kleiner holt sich einen runter. »Mach das nicht noch einmal. Davon wird man blind«, klärt sie ihn auf.

Unverdrossen rubbelt er weiter.

»Okay, Mutti — das schwör' ich dir. Wenn ich eine Brille brauche, höre ich sofort auf damit.«

Kaum hat sich der Vertreter im Autobahn-Motel eingecheckt, kommt er schweißnaß und mit zerwühlten Haaren zum Portier gerannt.

»Was ist das hier für eine Absteige?« schnauzt er.

»Um was geht's, mein Herr?« bleibt der Portier ganz ruhig.

»Hörn Sie mal – ich geh' in mein Zimmer, da steht ein übler Typ mit 'ner Knarre …«

»Und?«

»Er zwang mich, daß ich vor ihm niederkniete. Du bläst mir einen, oder ich blase dein Gehirn an die Tapete, hat er gesagt und mir die Knarre an die Schläfe gehalten.«

»Großer Himmel«, entfährt es dem Portier. »Was taten Sie, mein Herr?«

Der Vertreter holt tief Luft: »Na was wohl? Haben Sie Schüsse gehört?«

Im Clubhaus ziehen sich zwei Tennisspieler um. Ächzend zwängt sich der eine in schwarze Seidendessous mit Strapsen.

»Seit wann trägst du so was?« staunt der andere.

»Seit es meine Frau im Handschuhfach unseres Wagens gefunden hat.«

Wie wär's mal mit 'nem Klassiker?

Napoleon — der mit der Hand ewig vorne drin — diskutiert mit seinem Leibarzt über die Vorzüge einer geistreichen Frau vor einer nur schönen.

Napoleon: »Eine schöne Frau ohne Geist käme mir vor wie ein schönes Pferd, mit dem man nicht sprechen kann.«

»Sehr wohl, Majestät«, sagt der Arzt, »aber man besteigt es doch.«

Was benutzen Schwule als Keuschheitsgürtel?
Zäpfchen.

Was bekam der Gen-Wissenschaftler, als er seine Katze mit einem Häschen kreuzte?

Eine Riesenmuschi mit Hasenohren ...

Im Roulette-Saal von Monte Carlo. Madame hat einen Berg Chips, möchte alles auf plein setzen.

»Welche Zahl soll ich bloß nehmen?« murmelt sie.

Der Croupier: »Voilà, setzen Sie Ihr Alter!«

Ohne weiter zu überlegen, schiebt sie ihre Chips auf ›28‹.

Die Kugel rollt und landet auf ›42‹.

Da fällt Madame in Ohnmacht ...

Wie heißt Jungfrau auf chinesisch?
Tsu Yung Tsu.

Zwerg Laurin gerät im Eros-Center ausgerechnet an Freda, die zwei Meter große Starfrau. Ihm soll es nur recht sein. »So okay?« fragt Freda, als sie ihn hochhievt.

»Nein, zu hoch«, ruft Zwerg Laurin.

Sie hebt ihn tiefer.

»So okay?«

»Nein, etwas zu tief.«

Sie manövriert ihn behutsam höher. »Jetzt okay?«

»Nein«, muß Zwerg Laurin plötzlich schlucken. »Zu — zu spät!«

»Wieviel?« fragt der graumelierte Kavalier.

»Im Bett hundert, auf dem Teppich fünfundzwanzig«, leiert Irmie ihr Verslein runter.

Er zieht einen Hunderter aus der Brieftasche.

»Nichts geht über ein warmes, kuscheliges Bett, nicht wahr?« zwinkert sie.

Er schüttelt energisch den Kopf. »Hab' ich was von Bett gesagt? Viermal Teppich will ich.«

Opa rempelt nachts auf der Straße einen Hooligan an: »He, Youngster, wie spät isses?«

Der Hooligan knallt Opa die Faust auf die Nase. »Beim Gongschlag war es genau ein Uhr.«

Opa, aufatmend: »Noch mal Glück gehabt, daß ich nicht um 24 Uhr gefragt habe ...«

»Hat dein Michael denn wirklich bei dir ehrliche Absichten, mein Kind?«

»Und wie, Mutti. Nur heiraten will er mich nicht.«

Verwirrt kommt Teenie nach Hause: »Mutti, Mutti, in der U-Bahn saß ein Typ neben mir - mit offener Hose! Erst hat er mir die Hand auf die Schulter gelegt, dann auf den Busen, und gewühlt hat er, bis er mit den Fingern zwischen meinen Schenkeln ...«

»Hör schon auf!« kreischt die Mutter, »du machst mich noch ganz geil ...«

Seit Ewigkeiten stehen sich in dem herrlichen Park zwei Statuen gegenüber: ein römischer Krieger und eine Göttin, beide hüllenlos.

Eines Tages erscheint eine Fee und erfüllt ihnen ihren sehnlichsten Wunsch. Für eine Stunde dürfen sie von ihren Sockeln steigen ...

Blitzschnell verschwindet der Krieger mit seiner Göttin in den Büschen.

Wüstes Rascheln, Flüstern – Kichern!

»Nur noch zehn Minuten«, stöhnt er auf.

Darauf sie: »Gut. Halte du jetzt diese verdammten Tauben fest, und ich scheiße auf sie.«

Die Rosi zum Manni: »Pack deine Zeitung weg und vertiefe dich lieber in deine Lieblingsspalte!«

Der Rekrut schreibt an seine Verlobte:

»Liebe Gerda, die Mädchen hier in der Garnisonsstadt sind mächtig hinter Geld her...«

»Lieber Dirk«, antwortet sie postwendend, »zahle höchstens fünfzig Mark — mehr kriege ich hier auch nicht dafür.«

Was zieht die Sylter Hausfrau zur Beerdigung an?

Ihren schwarzen Tennisdress.

In ihrer Verzweiflung versucht es die attraktive, aber blasse Frau bei einem Naturheiler.

»Seit Jahren bin ich verheiratet, hatte bisher keinen einzigen Orgasmus«, berichtet sie bedrückt. »Ich glaube, ich bin frigide.«

»Das wollen wir erst mal sehen«, winkt der Alternativmediziner ab. »Oder haben Sie etwas gegen ein kleines Experiment einzuwenden?«

Nein, hat sie nicht. Erwartungsvoll folgt sie seinen Anweisungen, legt sich entkleidet auf die Couch. Er streift sich verantwortungsbewußt einen Kondom über, bevor er zur Sache kommt und in sie eindringt. Er gibt sich alle Mühe. Auch nach einer Viertelstunde scheint sie nicht zu reagieren, liegt einfach unter ihm da, während er nunmehr verbissen seine Stöße beschleunigt.

»Merken Sie schon was?« keucht der Naturheiler nach weiteren fünfzehn Minuten.

Irritiert schnuppert sie nach allen Seiten.

»Ja, Doktor... Es riecht hier so nach verbranntem Gummi.«

Doris hat eine Wahnsinnsfigur, doch mit dem Einlochen will es nicht klappen. Während der dreißigsten Übungsstunde hat ihr genervter Golflehrer plötzliche eine fantastische Idee: »Stellen Sie sich einfach vor, Doris — der Schläger wäre der Schwanz Ihres Freundes. Alles klar?«

Doris holt weit aus, trifft den Ball und schlägt ihn über hundert Meter direkt ins Loch.

»Hervorragend«, jubelt ihr Lehrer. »Und nun nehmen Sie den Schäger aus dem Mund und versuchen es noch einmal mit den Händen.«

Tja:

Hart ist hart. Und weich ist weich. Aber immer weich, ist auch hart.

In dem sonnenüberfluteten Zimmer waren sie ganz allein und völlig ungestört.

Sie etwa 15, 16. Er so Ende vierzig.

Sie wußte, es gab für sie kein Zurück mehr. Zitternd lehnte sie sich tief ins Polster.

»Werden Sie mir weh tun?« fragte sie leise.

»Nur ein kleines bißchen«, sagte er. »Entspannen Sie sich. Einmal muß es ja sein!«

Oh, wie sie aufstöhnte …

… aber da war der Backenzahn auch schon draußen!

Und dann war da noch der beinhart arbeitende Trabbifahrer, der mit den Schnürsenkeln anfing und sich so weit hochkämpfte, bis er sich eine schallende Ohrfeige einfing!

»Angeber! Daß du zweimal in der Woche den Direktor vertrittst, glaub' ich niemals.«

»Na, frag seine Frau ...«

Es frühlingt in vier Zeilen:

Erst öffnet sich der Flieder.
Dann er ihr das Mieder.
Schon kommt sie nieder,
und er nie wieder.

Frage: Was ist der Unterschied zwischen einem Pullover, einem Rehrücken und einer 17jährigen?

Antwort: Der Pullover wird gestrickt, der Rehrücken wird gespickt, und die 17jährige wird ...

... 18!

Regisseur: »Sie sind absolut untragbar für die Bühne!«
Starlet: »Aber meine ganze Leidenschaft gehört den Brettern.«
Regisseur: »Warum reißen Sie sich dann nicht einfach einen Tischler auf?«

»Stell dir vor«, prustet Anja zur Freundin, »er hat behauptet, ich sei nicht gut im Bett. Aber ich werd' die Frage nicht los, wie er das in den acht Sekunden feststellen konnte.«

Was wird aus der erfolgreichen Boß-Lady, wenn sie den Bindfaden ihres Tampons verschusselt hat?

Eine ganz ordinäre Baumwollpflückerin.

»Wollen Sie sich einen Hunderter verdienen?« fragt Eberhard im Zugabteil das üppige Busenwunder.

»Ja — wie?«

»Lassen Sie mich im nächsten Tunnel in Ihre Titten beißen.«

Die Üppige hat keinerlei Einwände. Im Tunnel holt sie ihre doppelten Lottchen heraus, und Eberhard fummelt wie der Teufel, küßt und schlabbert.

Als es wieder hell wird, will sie erfahren, wieso er nicht reingebissen hat.

»Ich hab' keinen Hunderter dabei.«

Eine Ehefrau: »Was machst du für'n Gesicht?«

Ihr Ehemann: »Wenn ich Gesichter machen könnte, würde ich dir als erstes ein neues machen.«

In der Hochzeitsnacht hat sich der Vater des Bräutigams unterm Bett versteckt, um seinem schlecht aufgeklärten Sohn beim ersten Mal mit Rat und Tat zur Seite zu stehen.

»Liegt sie nackt auf dem Laken?« flüstert es von unten.

»Ja, Daddy.«

»Raus aus den Klamotten und schmeiß dich auf sie!«

Der Sohn springt — schlägt mit dem Kopf wuchtig gegen das Kopfende des Bettes.

»O Daddy, es blutet ...«

Von unten: »Prima, mein Junge, dann mach kräftig weiter so!«

Boing, Boing, Boing, Boing ...!

Der Beamte beim Einwohnermeldeamt:

»Fräulein, Sie haben vergessen, die Rubrik Beruf auszufüllen.«

»Ach, machen Sie einfach einen Strich!«

So geschehen im Heiratsparadies Las Vegas:

Der Reverend wandte sich dem Brautpaar zu. »Schwörst du, John Cassidy, daß du deine dir Angetraute auch dann noch lieben wirst, wenn sie ausgebeult ist, verschrumpelt, mit Leukolast geflickt, in der Farbe unansehnlich ausgebleicht — selbst dann noch, wenn sie die Luft nur noch Sekunden hält?«

»Ich schwöre es«, antwortete John Cassidy.

»Wohl denn«, lächelte der Reverend, »Dich und deine Aufblaspuppe erkläre ich hiermit als verheiratet.«

Vater zum Sohn:

»Wenn du mal an ein Mädchen gerätst, dessen Augen glänzen, dessen Lippen feucht sind und das am ganzen Körper zittert — dann laß ja die Hände von ihr. Sie hat Malaria!«

Ein Oberschüler verlangt in einem Münchner Schreibwarengeschäft einen Zirkel, der gleichzeitig einen Kreis, ein Quadrat und ein Dreieck zeichnen kann. Die überforderte Verkäuferin bittet den anwesenden Kunden, von dem sie weiß, daß er Lehrer ist, um Hilfe. Er wechselt mit dem Schüler ein paar klare Worte, schickt ihn weg. »Nicht zu glauben«, seufzt der Lehrer, »was heute alles aufs Gymnasium geht.«

Die Verkäuferin: »Und was wünschen Sie, Herr Oberstudienrat?«

»Einen Globus von Bayern, bittschön!«

Beim Frühstück liest sie ihrem Mann aus der Zeitung vor: »Du, die Polizei sucht einen großen, dunkelhaarigen Mann, so Anfang fünfzig, der Frauen belästigt.«

»Meinst du, Liebling — daß das für mich der richtige Job wäre?«

Auch der Herr Petersen hat mächtige Probleme mit seinem 18jährigen Junior:

»Mensch, wo gibt's denn so was? Mein Sohn — in Sexualkunde eine Sechs!«

Darauf der: »Daran ist allein diese dämliche Lehrerin schuld. Wenn ich mit dieser Krähe mal allein bin, also der trete ich in den Sack, daß es nur so kracht.«

»Trau keinem über 30«, rät die Freundin.

»Warum nicht?«

»Weil davon mindestens zehn Zentimeter gelogen sind.«

Helfen Karotten gegen Impotenz?

Durchaus. Nur mit der Befestigung gibt es immer Probleme.

»Aber natürlich kann ich dir sagen, was es bei mir kostet«, sagt das Reeperbahn-Mädchen zu dem Matrosen. »Doch zuerst mußt du mir sagen, wie lange du auf See warst.«

Stimmt es, daß man vom Küssen blind werden kann?

Egon wurde es: »Gestern habe ich meine junge Nachbarin im Flur geküßt — und seitdem kann ich meine Frau nicht mehr sehen.«

Was ist der Unterschied zwischen einem Tankwart und einer Französin?

Der Tankwart kann blasenfrei zapfen. Aber die Französin kann nicht zapfenfrei blasen.

In der Yuppie-Bar setzt sich Norbert zu dem Macho mit dem niedergeschlagenen Gesichtsausdruck.

»Wie ist denn das gestern ausgegangen mit der tollen Rothaarigen?« will er wissen.

»Nun ja ... Sie nahm mich mit nach Hause. Dann sagte sie: ›Werner, hilf mir aus der Bluse!‹ Wenig später: ›Werner, nimm mir den BH ab!‹ Darauf: ›Werner, zieh mir den Slip aus!‹ ...«

»Na großartig. Und dann?«

»Dann hat Werner sie gebumst.«

Wieso sollte es ein Girl niemals vor 20 tun?
Weil's zu zweit schöner ist!

»Sag mal, Annette, ist dein Freund gestern noch gekommen?«

»Nein, wir haben uns bloß unterhalten.«

Woran sind Fieberthermometer für den Mund und Fieberthermometer für den After leicht zu unterscheiden?

Am Geschmack.

»Wie bist du bloß auf unsere schönen Namen gekommen?« fragt der Indianerjunge seinen Indianapapa.

»Ganz einfach: Damals als ich für deinen Bruder einen Namen suchte, sah ich, wie sich ein Raubvogel auf seine Beute stürzte — so kam ich auf Pfeilschneller Falke ... Aber warum willst du das wissen, mein kleiner Zwei Fickende Hunde?«

Was treibt ein fußballbegeisterter Eunuch an der Tür zum Harem?

Sperren ohne Ball.

Was ist für die anspruchsvolle Beate-Uhse-Kundin ein Rippenkitzler?

Ein Massagestab mit Starkstrom.

Was ist der Unterschied zwischen Französisch und Altfranzösisch?

Altfranzösisch ist ohne Zähne.

Alfons überrascht seine Freundin mit einem Strauß Rosen.

Wie verzaubert schlüpft sie aus dem Kleid, wirbelt den Slip durch die Luft, sinkt in aufreizender Pose auf die Couch.

»Das ist für die wunderschönen Blumen«, streichelt sie sich kokett.

»Was denn, was denn?« nörgelt Alfons. »Es wird sich doch noch irgendwo 'ne Vase auftreiben lassen.«

Eine Traumfrau hat Armin in der Cocktailbar angebaggert: hübsch und genauso gepolstert und ungemein intelligent.

»Magst du einen Sherry oder einen Portwein?« stellt er sie in seinem Appartement vor die Wahl.

Wieder holt sie im Parlieren weit aus. »Sherry selbstverständlich — er wird Nektar der Götter gepriesen. Allein sein bernsteinfarbener Glanz, dieses Leuchten beim Dekantieren ist eine wahre Offenbarung. Sein süßes Bukett trägt mich in schwindelerregende Höhen. Sein Duft intoniert in meinen Ohren Violinen, Bratschen, oh, ein einziger Schluck, und in meinem Innersten explodiert eine Symphonie der Hingabe …«

»Und was ist mit Portwein?« hakt er hingerissen nach.

Ein Schmollmund. »Ach, auf den muß ich immer ungemein teuflisch furzen.«

Die alte Nutte im Interview:

»Tja, die Zeiten ändern sich. Ich lebe jetzt in einer völlig runtergekommenen Bude im achten Stock eines Abrißgebäudes nahe am Hafen. Alles voller Kakerlaken. In den Wänden sitzt der Schimmel, es zieht wie Hechtsuppe durch die Fensterritzen. Und jede Nacht treibe ich es mit an die zwanzig Seemännern, die vor Suff und üblen Krankheiten nicht aus den Augen blikken können.«

»Großer Himmel«, wird sie von dem Reporter unterbrochen. »Das ist ja entsetzlich!«

»Allerdings«, nickt die alte Nutte. »Dieses ewige Treppensteigen bringt mich noch um.«

Bilanzen sind wie Bikinis: Das Interessanteste sieht man nicht!

»Und warum wollen Sie sich scheiden lassen?«

»Eigentlich nur, weil ich verheiratet bin.«

Die grünen Marsmännchen sind auf der Erde gelandet - an einer geschlossenen, völlig verwaisten Tankstelle. Nachdem sie emsig die Lage gecheckt haben, funken sie ihren Bericht an die Mars-Zentrale:

»Die Erdbewohner heißen Aral, die Vornamen variieren von Super, Normal, Bleifrei bis Diesel. Sie sind eckig, aus Blech und sehr verschlossen. Sprache: Klick, klick, klick. Das Besondere an ihnen — sie haben alle einen langen, gummiweichen, dunklen Schwanz, den sie sich zweimal um den Bauch wickeln und dann auch noch ins linke Ohr reinstecken. Over!«

Was hat man, wenn man zwei Ostfriesen in einen Kondom stopft?

Eine geballte Dumdumladung.

Ein Tag wie jeder andere.

Ein junger Mann linst in das überfüllte Wartezimmer der Zahnarztpraxis, stößt ein fröhliches »Na prima!« aus und verschwindet.

Diesmal schickt der Arzt seine Sprechstundenhilfe hinterher.

»Und wo ist er hingegangen?« fragt er wenig später die Atemlose.

»Zu — zu Ihrer Frau.«

Gibt es Ufos?

Nehmen wir den Ferdi Braunfels. Er schwört: ja. Er wollte partout nicht an fliegende Untertassen glauben, bis er eines schönen Tages der Serviererin im ›Cafétarium‹ in den Po zwickte ...

Das Neueste von der Raucherfront:

Das Skelett zündet sich gerade auf dem Zentralfriedhof eine Filterzigarette an, als sein Kumpel auftaucht. »Hey, du rauchst wieder!«

»Ja, aber nicht mehr auf Lunge.«

Das Skelett beim Psychiater:

»Ich werde das Gefühl nicht los, Doktor, daß mich alle Welt durchschaut ...«

Wie sieht Fräulein Skeletts Schönheitspflege aus?

Täglich Knochen abschmirgeln und ordentlich mit dem Lederlappen nachpolieren!

Und das waren die allerletzten Worte des Tierpflegers im Löwenkäfig:

»Scheiße, das ist nicht mein Magen, der so knurrt ...«

Der Rechtsanwalt spielt den Angehörigen das Testament-Video des Verstorbenen vor.

Nur ganz kurz taucht der schwerreiche Unternehmer auf dem Bildschirm auf — augenzwinkernd: »Hallo, ihr Lieben! Im Vollbesitz meiner geistigen und körperlichen Kräfte habe ich den ganzen Zaster verhurt und verdirnt und vernuttet ...«

Kennen Sie das Ding vom kleinen Chinamann?
Dann lassen Sie sich's mal zeigen!

In Bethlehem weihnachtet es. Maria und Josef kriegen kein Zimmer. Sie versuchen es am Stadtrand.

»Was wollen Sie?« fragt der Wirt des schäbigen Etablissements.

»Ein Doppelzimmer.«

»Aussichtslos.«

»Aber meine Frau ist in anderen Umständen!«

Der Wirt: »Na und? Damit habe ich doch nichts zu tun.«

Josef: »Meinen Sie vielleicht, ich?«

Die Könige kommen zur Krippe, zum Jesuskind.

Maria sitzt weinend in der Ecke.

»Was hat sie nur?« wird Josef gefragt.

»Macht euch nichts draus. Aber sie hat sich nun mal so sehr ein Mädchen gewünscht ...«

Die bange Frage nach der Schönheitsoperation:

»Und, Doktor — ist die Operation gelungen?«

»Tut mir leid, gnädige Frau, ich bin Petrus.«

Sie: »Wenn du heute nacht bei mir bleiben willst, mußt du dir dein Bett schon selber machen.«
Er: »Einverstanden.«
Sie: »Okay, hier sind Hammer, Säge und Nägel — Bretter findest du im Keller.«

Die kleine Ferkelei aus der ›Tagesschau‹.

Dem Sprecher wird ein Zettel gereicht: »Letzte Meldung — Sie haben einen Rest Spinat zwischen den Schneidezähnen.«

Was hat ein Telefonbuch mit dem Nachtprogramm von RTL plus gemeinsam?

Eine Nummer nach der anderen, aber keine Handlung!

Was braucht das schwule Skelett beim Mundverkehr?

Einen Schwamm!

Eva Klangkofer schickt ihr Foto an den Club der einsamen Junggesellen.

»So einsam sind wir nun auch wieder nicht«, kommt die postwendende Antwort.

»Und wie steht's mit Sex?« wird der Hundertjährige gefragt.

»Besser als vor hundert Jahren.«

Im Ernst ...

In Texas geschah es. Kaum hatte der Saloonbesitzer das letzte Zimmer an den zierlichen Chinesen vermietet, tauchte Tom Hicks auf: »Ein Zimmer, oder ich werde verdammt unangenehm!«

Der Wirt: »Sie können Nummer 4 haben, wenn Sie den Chinesen loswerden.«

Tom Hicks fackelt nicht lange. Der gelbe kleine Mann fliegt achtkantig ums Haus.

Tief in der Nacht wird Tom Hicks wach, weil er kaum Luft bekommt. Ein schwerer Stein lastet auf seiner Brust. Daran ein Zettel: »Erste Rache von kleinem Chinamann — Stein auf Brust ...«

Verächtlich lachend schleudert Tom Hicks den schweren Granitblock zum Fenster hinaus.

Da entdeckt er noch einen Zettel:

»Zweite Rache von kleinem Chinamann — Stein an Schnur und Schnur an Pimmel von großem bösen Tom Hicks!«

Wie wird in Afrika ein Penis genannt, der nicht erigiert ist?

Springseil.

V

Woran merkte Hella von Sinnen, daß unter ihrem Bett ein Elefant schlief? – An der kalten Zimmerdecke!

Was konnte das Girl nicht, das sich mit den Siamesischen Zwillingen verabredete?
Sich für einen entscheiden.

Womit muß eine Frau leben können, wenn sie ihre Tage und Schnupfen hat?
Daß ihr bei jedem ›Hatschiiiiii‹ der Tampon rausfliegt …

»Rot-China?« stutzte Dracula und strich sich nachdenklich über seine spitzen Zähne. »Werden so heutzutage die Monatsbinden genannt?«

Wann weiß man ganz genau, daß ein Mädchen gerade eben was mit einem Elefanten hatte?
Wenn es auf einem Barhocker sitzt und das ganze Lokal überflutet.

Was sind Fernostreisende?
Kli-touristen!

Was kann man einem scheuen Mädchen raten, das von Gruppensex träumt?
Such dir einen Schizo zum Ficken, Baby!

Wann ist eine Frau wirklich gut im Bett?
Wenn sie unauffällig beide Hände hinter den Kopf hält und dabei Staub wischt.

Was stöhnte Torsten, die Tunte, als er mit seinen Warentermingeschäften Ba-a-a-a-a-den ging?
»Ach, jetzt muß ich wieder von ganz von hinten anfangen.«

Womit sollte man sich die Zähne putzen — nach oralem Sex?
Mit Dusch-Gel.

Was ist ein Coolie?
Quickie im Schnee.
(Hat mit Kuli nix, rein gar nix zu tun — oder gelegentlich doch noch, Kuli?)

Wie geht ein 71er?
69 mit je einem Finger im Arschloch.

Was wird bei jedem Mann größer und größer, je mehr frau darauf herumtrampelt?
Sein Ego.

Womit verwandelt man die häßlichsten Frauen in die schönsten Zauberfeen?
Mit Wünschelruten!

Wie kann man jedem Mädchen einen Scheitel kämmen?
Mit der Zunge.

Warum muß Dolly Dollar echt um ihre Zähne bangen?
Weil ihr Zahnarzt einfach nicht rankommt!

Mit welcher Ausrede verweigern sich sämtliche Osteuropäer ihren Frauen in der Menstruation?
»Lieber tot als wieder rot.«

Was ist das — hat vier Beine und liebt Tanten?
Zwei Onkels ...

Was muß das Reinigungspersonal eines Kinos nach jeder Vorstellung?
Die Fürze aus den Sesseln saugen!

Wie nennt man eine Frau, die an ihrem Mann nichts, rein gar nichts mehr auszusetzen hat?
Witwe.

Was ist sehr lang und ungemein hart und macht alle Mädchen unendlich glücklich, sobald sie mal drauf sind?
Der Weg zum Erfolg.

Was unterscheidet einen Schneemann von einer Schneefrau?
Zwei kleine Schneebälle.

Gibt es auch warme Schneemänner?
Selbstverständlich ...

... Woran erkennt man die?
Daran, daß sie sich tiiief bücken, wenn ein Schneeschieber kommt.

Was fragte der Knirps, der nachts in das Schlafzimmer seiner Eltern platzte?
»Papa, was ist ein Coitus interruptus?«

Welche Mahlzeit empfiehlt sich für einen Menschen, der wie die Orgelpfeifen furzen will?
Makkaroni mit Bohnen.

Das Stoßgebet der grauen Panther:
»Großer Gott im Himmel, das Können hast du mir genommen – wann nimmst du mir endlich auch das Wollen?«

Drei Tiere braucht die Frau …
… einen Nerz, einen Jaguar und das Kamel, das alles zahlt!

Die Band spielt den Blues, und Herbert schiebt die schönste Braut des Abends über das Parkett – mit der einen Hand warm ihre linke Brust umkrallend. Nach einer Weile murrt sie auf, holt die rechte Brust aus dem Dekolleté: »Was ist, ist die vielleicht platt?«
Er versteht nicht.
»Und die vielleicht?« Auch die linke Brust läßt sie aus dem Ausschnitt schwappen.
»Nein«, sagt Herbert und wird rot.
»Na bitte«, schnauzt sie ihn an. »Dann können Sie ja wohl endlich Ihren Wagenheber wieder einziehen!«

Ein Kunde beschwert sich, 50 Kondome gekauft, aber daheim beim Nachzählen lediglich 49 in der Schachtel vorgefunden zu haben.
Schmunzelt die junge Apothekerin: »Da werd' ich Ihnen doch wohl nicht das ganze Wochenende verdorben haben, oder?«

Der Chef der Personalabteilung klärt die hübsche Bewerberin auf. »Wir haben gleitende Arbeitszeit.« — »Klasse.« — »Eine exzellente Kantine im Haus.« — »Klasse.« — »Urlaubs- und Weihnachtsgeld ...« — »Klasse.«

Er bricht ab. »Können Sie noch etwas anderes sagen als Klasse?« — »Ja.« — »Und?« — »Bumsen.« — »Bumsen? Was bedeutet das?« — »Klasse ...«

Der Toni, so ist ihm aufgetragen worden, will mit der Ziege zum Bock. Er weiß aber nicht, wo der Bockhalter wohnt. »Wo kann man die Ziege hier decken lassen?« erkundigt er sich bei einem etwa zehnjährigen Jungen, der auf der Straße spielt.

»Gib mir 'ne Mark, und ich verrate es dir.«

Der Toni rückt die Mark heraus.

Da tritt das Bürschchen hinter die Ziege, weist mit dem Zeigefinger knapp unter die Schwanzwurzel und verkündet: »Hier!«

Wofür verlangen alle Apotheken immer nur die Einführungspreise?

Für Fieberzäpfchen.

Was sagte der Ehemann, als er die Dias aus dem letzten Urlaub vorführte?

»Und die Unscharfe da ganz weit hinten — das ist meine Frau.«

Aus der Testaments-Verlesung eines verstorbenen Milliardärs:

»... dir, meiner lieben Frau, vermache ich meine sämtlichen ›Playboys‹. Alles Übrige erbt das Oktober-Playmate von 1990.«

Well, und dann waren da noch die fünf erwachsenen Töchter, die jeden Morgen an einer Antibabypille lutschen mußten ... Ihr Vater war Schotte!

Die Attraktion der Hotelbar — kugelrunde Eisstücke mit einem großen Loch in der Mitte.

»Ich wette, so etwas haben Sie noch nie gesehen«, spielt der Barkeeper bei dem neuen Gast seinen Trumpf aus.

»Leider muß ich Sie enttäuschen«, seufzt dieser, tief ins Highballglas starrend. »Mit so was bin ich seit vierundzwanzig Jahren verheiratet.«

»Wie geht's denn so, Herr Schnabel?« erkundigt sich der Doktor bei dem Dorfältesten.

Schnabel: »Danke der Nachfrage, Doktor, i werd' alle Tag jünger, mit Riesenschritten. Seit drei Jahr bin i wieder ohne Haar. Seit einem Jahr hab' i keinen Zahn im Maul, ond seit gestern, ja, seit gestern mach' i auch wieder in d'Hos!«

Typisch USA:

Auf dem Hollywood Boulevard schiebt ein heißes Girl einen Kinderwagen vor sich her. »Johnny«, stoppt es plötzlich vor einem jungen Mann, »kennst mich wohl auch nicht mehr, hey? Ich bin deine Mom.«

»Meine Mutter«, winkt er ab, »ist siebzig.«

»Aber Johnny, ich hab' mich doch verjüngen lassen — wie alle hier in Hollywood.«

Johnny stutzt. »I see, Mom ... Und wer ist der Kleine im Kinderwagen?«

Das heiße Girl zuckt die Achseln: »Ach, das ist dein Daddy. Den haben sie total verpfuscht.«

Ein Kriegsveteran trifft seinen ehemaligen Kameraden:

»Erinnerst du dich noch an das Salpeterzeugs, das man uns damals verabreicht hat, um unsere Sinne zu beruhigen?«

»Klar – warum?«

»Ich hab' das ungute Gefühl – jetzt fängt es bei mir an zu wirken.«

»Frau Werner und Frau Hornig sehen sich verblüffend ähnlich. Sag mal, ob die beiden Zwillingsschwestern sind?«

»Nicht doch, sie haben nur denselben Schönheitschirurgen.«

Was ist aus Michael Jackson nach seiner Geschlechtsumwandlung geworden?

Ein Junge.

Der süße Jörg macht eine Kreuzfahrt durch griechische Gewässer.

Am zweiten Abend ruft er den Steward und sagt: »Ich möchte nicht, daß jede Nacht so ein besoffener Matrose in meine Kabine kommt.«

»Tut mir außerordentlich leid«, erwidert der Steward, »aber der Captain kommt nie in die Touristenklasse.«

Ein Landwirt kommt nach München. Die wilde Rita nimmt ihn mit auf ihr Zimmer, gurrt und gurrt: »Du starker Mann, wilder Hengst, Tiger der Berge, du.«

Er traut seinen Ohren nicht.

Sie gurrt weiter: »Du Bär mit Bärenkräften ...« Sie mault: »O sag doch auch mal was ganz Wildes zu mir.«

Er: »Du Wildsau!«

Was ist ein vatikanischer BH?
Hinten das Häkchen öffnen und vorne fallen zwei auf die Knie.

Es klingelt. Frau Dunkmann öffnet.
»Pardon, haben Sie ein Geschlechtsteil?« fragt der fremde Mann.
Entgeistert knallt ihm Frau Dunkmann die Tür vor der Nase zu. Am nächsten Tag — das gleiche. Auch am dritten Tag. Doch da platzt Frau Dunkmann der Kragen, und sie kontert wütend: »Wenn Sie's ganz genau wissen wollen: Ja, ich hab' ein Geschlechtsteil.«
Der Fremde verbeugt sich höflich: »Bestellen Sie bitte Ihrem Herrn Gemahl einen schönen Gruß von mir und sagen Sie ihm, er möchte es auch dann und wann benutzen, und nicht immer nur das von meiner Frau ...«

Wofür hebt Zwerg Laurin den Filter von jeder gerauchten Zigarette auf?
Für seine Verlobte. Sie kann jeden Filter prima gebrauchen — als Tampon.

Was sagte die Tunte, als sie beim Zähneputzen Zahnfleischbluten bekam?
»Gott sei Dank, wieder einen Monat Glück gehabt ...«

In welcher Gegend werden Kettensägen zur Beschneidung benutzt?
In Texas. (Wie von den Texanern behauptet wird.)

Was können Kondome, was kein Mann der Welt kann?
In verschiedenen Geschmacksrichtungen kommen.

Drei alte Männer auf der Parkbank klagen sich ihr Leid.

Der 70jährige: »Jeden Morgen muß ich um 7 Uhr 30 aus dem Bett raus, um Wasser zu lassen. Aber eine geschlagene Stunde steh' ich vor dem Pinkelbecken, ehe es grad mal tröpfelt.«

Der 82jährige: »Das ist doch gar nichts. Ich muß um 9 Uhr 30 zum Scheißen raus, drücke drei bis vier Stunden lang — die Hölle, sag' ich euch!«

Murrt der 94jährige: »Und ihr glaubt, ihr hättet Probleme? Jeden Morgen pisse ich um 7 Uhr 30 wie ein Rennpferd, scheiße Punkt 8 Uhr 30 wie ein Schwein. Mein Malheur — vor 11 Uhr wache ich nie auf ...«

Warum schuf Gott die Frau?
Weil Schafe nicht kochen können.

In dem Trabbi im Autokino ging es hoch her, daß die Scheiben beschlugen.

»Los, steck mir deinen Finger rein«, röchelte sie, und er gehorchte mit Vergnügen.

»Noch einen Finger, Baby.«

Dann: »Die ganze Hand, okay?«

»Ohhhhhkay«, stöhnte er folgsam.

»Jetzt beide Hände«, folgte das nächste Kommando.

»Und nun — klatsche in die Hände, hast du verstanden?«

»Ich kann nicht.«

»Ein bißchen eng, was?« schüttete sie sich aus vor Lachen.

Der Gen-Forscher hat eine tolle Neuschöpfung vollbracht, führt sie voller Stolz seinen Kollegen vor.

»Ich werde meine Erfindung Apfel nennen«, verkündet er und hält sein Prachtstück hoch.

Kein Staunen, kein Applaus, vorsichtig wird er auf die Tatsache hingewiesen, daß es bereits seit Adam und Eva Äpfel gibt.

»Hach«, macht er verächtlich. »die können Sie von nun an getrost vergessen. Mein Apfel schmeckt nach knackfrischer Frauenmuschi. Hier — wer will mal kosten?«

Ein junger Kollege läßt sich da nicht dreimal bitten. Er nimmt den Apfel, beißt herzhaft rein. Gleich darauf, von Ekel geschüttelt, spuckt er den Bissen aus.

»U-u-ah«, würgt er hervor. »Ich würde eher sagen, dieser Apfel schmeckt wie ... ja, wie Scheiße ...«

»Ach was«, tadelt ihn der Gen-Wissenschaftler, »Sie haben die falsche Seite erwischt, Kollege.«

Wie stellt sich ein normaler Mann eine Traumfrau vor?

Ganz einfach: Eine Frau, die bis Mitternacht bläst und bumst und sich schlagartig in eine ofenfrische Pizza und in ein eisgekühltes Sechser-Pack Bier verwandelt ...

Woran kannst du leicht erkennen, daß deine Traumfrau eine Idee zu fett ist?

Wenn sie auf deinem Gesicht hockt und du nicht mehr Stereo hören kannst!

Wozu haben Frauen zwei Löcher?

Damit du sie, wenn sie besoffen sind, wie ein Sechser-Pack bequem nach Hause tragen kannst.

»Sex hat mit Alter nichts zu tun. Auch Sie haben ›Eine Chance für die Liebe‹«, beruhigte Erika Berger den 87jährigen Ratsuchenden am Telefon. »Stellen Sie Ihre Partnerin auf den Kopf – und lassen Sie ihn einfach hineinhängen!«

Sepp, der alte Penner, braucht unbedingt etwas Kleingeld für den Bus. Aber es ist weit nach Mitternacht, und die paar Leute, die er um Knete anhaut, reagieren nicht.

»Hey«, flötet es plötzlich aus einem dunklen Hoteleingang. »Bediene dich, wenn du was brauchst.«

Sepp glaubt nicht, was er sieht. Eine auf First Class gestylte Nutte sinkt direkt vor ihm in die Hocke, lüpft den Ledermini, schlägt weit die Schenkel auseinander.

»Hab dich nicht so«, kichert sie. »Mein letzter Freier hat mir eine handvoll Hartgeld in die Dose gesteckt, dieser Spaßvogel. Schnapp dir, was du willst. Aber nicht mit den Fingern, verstanden?«

Sepp geht sofort ran, bevor sich die Edeldirne ihr großzügiges Angebot womöglich noch anders überlegen kann. Er schlabbert wie entfesselt, bekommt auch jäh mit der Zunge, dann mit den Zähnen zwei, drei große Stücke zu fassen. Sein Gesicht mit der Beute im Mund fliegt zurück. Da sieht er hinter sich den Bus anfahren.

Ohne sich bedanken zu können, stürzt er zur Haltestelle, hechtet gerade noch rechtzeitig durch die zuklappende Tür.

Sepp drückt dem Busfahrer das Bare in die Hand.

Der hält seine Hand kurz ins Licht und sagt zähneknirschend: »Was meinst du wohl, du elender Penner, wie weit ich dich für ein paar angeknabberte Hornscheiben oder Schorfbrocken mitnehmen soll, he?!«

Chrissie war ein 68er-Mädchen, und bevor sie richtig in die Jahre kommt, beschließt sie, ihr Sexleben ein wenig aufzumöbeln. Sie geht zum Tätowierer.

Seit jeher hat sie für Elvis Presley und Mick Jagger von den Rolling Stones geschwärmt. Für Chrissie keine Frage, mit welchen beiden Bildnissen sie sich intim schmükken möchte.

»Auf Ihre Schenkel soll ich Ihnen was gravieren?« vergewissert sich der Tattoo-Experte.

»Ja, links Elvis und rechts Mick Jagger. Meinen Sie, Sie kriegen das hin?«

Der Mann macht sich an die Arbeit.

Eine Woche später legt sie daheim die Bandagen ab, geht zum Spiegel, um die beiden Starporträts zu bewundern. Sie sieht nur zwei seltsame Knittergesichter, in denen sie beim besten Willen weder Elvis noch Mick erkennen kann. Wütend kehrt sie zu dem Tätowierer zurück, zeigt ihm die Bescherung.

»Also ich verstehe nicht, worüber Sie sich aufregen«, bewahrt er die Ruhe. »In meinen Augen sind die Porträts gelungen, treffender geht's gar nicht.«

Er schlägt vor, die Meinung eines Unbeteiligten einzuholen. Sie ist einverstanden. Wenig später kehrt er mit einem Straßenpassanten in sein Tattoo-Studio zurück, der etwas angetrunken wirkt.

»Ganz ehrlich — erkennen Sie hier auf dem linken Schenkel Elvis Presley?« fragt ihn der Tätowierer.

»Weiß nicht«, zögert der Beschauer.

»Dann hier rechts — ist das Mick Jagger oder nicht?«

»Weiß nicht.«

Plötzlich erhellt sich die Miene des Angetrunkenen. »Einen kann ich ganz genau erkennen — den Typen in der Mitte mit dem Wuschelbart und den rasselnden Atemzügen — das ist eindeutig, na klar doch: Joe Cokker!«

Ein Survival-Pärchen hatte Pech in der Sahara. Dem Verdursten nahe schleppte er sie durch Wind, Sand und Sonnenglut. Nicht lange, und sie kamen nur noch auf allen vieren vorwärts. Da — eine Oase!

Mit letzter Kraft erreichten sie das erste Haus. Kein Mensch weit und breit, nur eine große Vase aus Ton, in der es gluckste.

Liebevoll umschlang er sie, richtete sie auf.

»Nimm du den ersten Schluck«, entschied er. »Aber laß mir ja noch was drin.«

Sie zögerte. »Du, das ist so eine Art Spucknapf.«

»Na und?« herrschte er sie an. »Erwartest du hier etwa Perrier oder was.«

Mit beiden Händen hob er ihr die schwere Vase an den weitaufgerissenen Mund, und sie trank und trank, ohne aufzuhören.

Voller Entsetzen starrte er in die leere Vase.

»Großer Himmel, du hast mir nichts übrig gelassen, nicht mal einen Tropfen«, schrie er, während sie schwer schlukkend vor ihm niedersank.

»Was hast du getan?« rüttelte er an ihren Schultern.

»Ich — ich konnte nicht anders«, antwortete sie stotternd. »Tut mir leid, mein Schatz. Das war in einem Stück. Es war mir unmöglich, einen Schluck davon abzubeißen ...«

Was sagt die Schwäbin für Orgasmus?
»Jetzele.«

Warum sind Musikvideo-Freaks zum Analverkehr verurteilt?

Weil sie sich einfach keinen Clip entgehen lassen können!

Was bekam der unverdrossene Gen-Wissenschaftler, der einen Hahn mit einer Eule kreuzte?

Einen großäugigen Gockel, der nur nachts krähte und alle Hennen im Schlafe nahm.

Ein Loch im Strumpf ist allemal besser ...
... als ein Strumpf im Loch!

»Meine Güte«, schlägt sich der Freund die Hände ans Gesicht, »wer hat denn dich durch den Fleischwolf gedreht?«

In der Tat sieht Sebastian grauenhaft entstellt aus: keine Zähne im Mund, blaue Augen im aufgequollenen Gesicht, jeder einzelne Finger gebrochen!

»So ergeht es einem, wenn man eine verheiratete Frau liebt«, rückt er endlich mit der Sprache heraus. »Gestern schiebe ich gerade eine tolle Nummer mit ihr, da taucht ihr Mann auf. Ich sofort durchs Fenster, aber halte mich am Sims fest, weil die Wohnung im dritten Stock liegt ... Er entdeckt mich, haut das Fenster immer auf und zu, bricht mir dabei alle Finger.«

»Mensch, Sebastian«, entfährt es dem Freund.

»Geht noch weiter. Dann hat er mir pausenlos mit beiden Fäust die Fresse poliert, bis ich keine Zähne mehr im Mund hatte, denn, wie gesagt, ich hing ja immer noch am Sims ...«

»Schrecklich«, erschaudert sein Zuhörer.

»Nee«, widerspricht Sebastian energisch, »schrecklich ist, was jetzt kommt. Wie ich so nach unten schaue, sehe ich, daß ich bloß 15 Zentimeter vom Erdboden entfernt bin!«

Frau Stengel auf dem Markt. »Einen Hasen bitte, aber ohne Schrotkugeln.«

»Dann nehmen Sie den hier. Er hat sich die Pulsadern aufgeschnitten, weil er nicht mehr rammeln konnte.«

In der Hochzeitsnacht läutet das Telefon. Die Braut hebt ab. »Ach, du bist es, Edgar. Sorry, keine Nummer mehr unter diesem Anschluß, weißt du, ich laß mich gerade umschulen.«

»Was soll ich tun? Meine Frau bildet sich echt ein, sie sei ein Auto.«

»Wie alt?«

»Zweiundvierzig.«

»Verschrotten!«

Warum eigentlich sind Männer Denker und Frauen Plappermäuler?

Weil die Männer nun mal von Natur aus zwei Köpfe haben und die Frauen vier Lippen.

Sexualaufklärung ist angesagt.

»Wer von euch kann mir sagen, was Brüste sind?« fragt die Lehrerin.

»Meine Mama hat Brüste«, meldet sich Johanna. »Gleich zwei davon.«

»Gut«, lobt die Lehrerin. »Und wer weiß, was ein Penis ist?«

»Ich, ich«, meldet sich der Matthias aufgeregt. »Mein Vati hat davon auch gleich zwei.«

»Bist du sicher, Matthias?«

»Klar«, bleibt er dabei. »Der eine ist ganz klein, sieht wie meiner aus. Aber der andere, der ist lang. So lang!«

Matthias hält seine Hände weit auseinander. »Und den nimmt er, um meiner Mutti die Zähne zu putzen …«

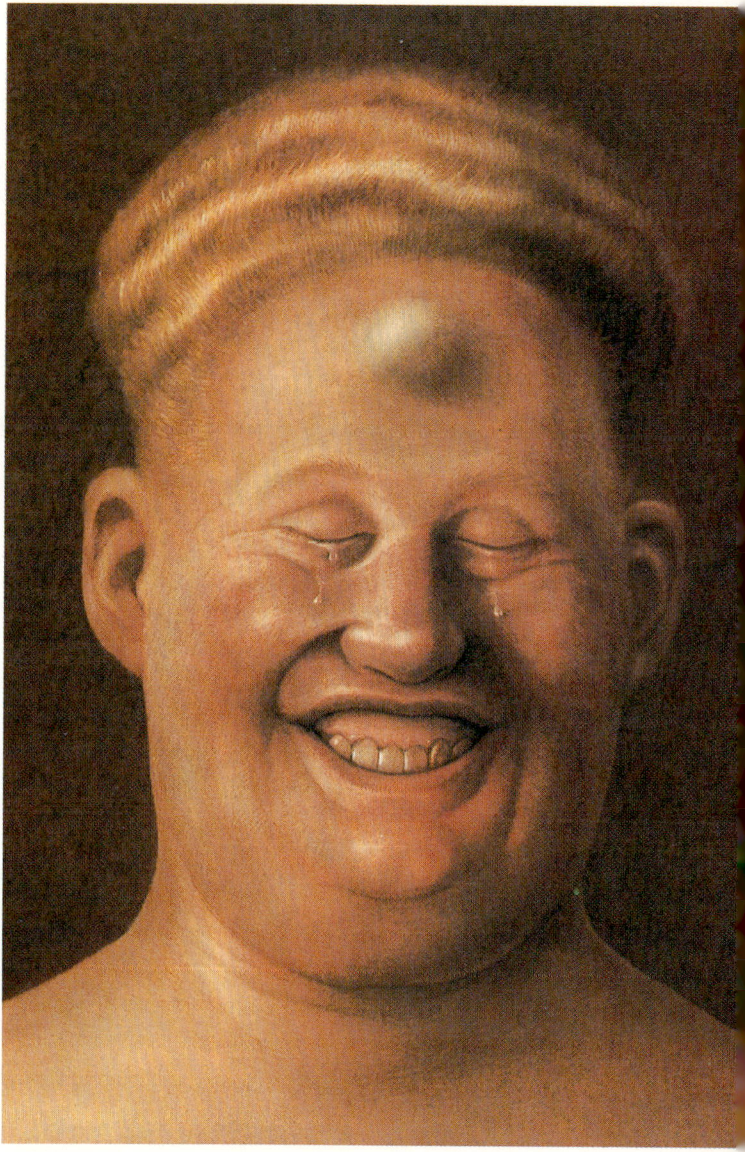

TÌ AMO, BELLA RAGAZZA SVEDESE!!
ICH LIEBE DICH!
OLÉ!
I LOVE YOU!
OUI, JE T'AIME, FRANZ!

Ein von Natur aus schweigsamer Goldsucher lebt seit Ewigkeiten in den Wäldern, hat seit Ewigkeiten kein weibliches Wesen mehr plappern gehört ...

Eines schönen Frühlingstages trifft er auf einer Lichtung auf eine Holzhütte.

Ein Astloch in der Tür erregt jäh seine gesammelte männliche Aufmerksamkeit. Es befindet sich genau in der richtigen Höhe, stellt er freudig fest, als er heran ist und sich prüfend vorbeugt.

Fröhlich läßt der gute Mann seine Hose herunter, läßt seinen zweiten Kopf in dem Loch verschwinden und seinen Gefühlen freien Lauf, daß es nur so brettert.

Mittendrin schwingt die Tür auf.

Ein freundlicher Farmer kommt heraus, klopft dem atemlosen und buchstäblich festsitzenden Goldsucher auf die Schulter.

»Entschuldigen Sie, Sir«, sagt er. »Würde es Ihnen was ausmachen, hereinzukommen und es von innen nach außen zu tun? Wir sitzen nämlich alle gerade gemütlich beim Abendbrot.«

(Übrigens der Lieblingswitz von Chico, dem ›one and only‹ von den Marx Brothers)

Rudi und Trudy gehen ins Kino.

»Uiii, hast du heute aber 'n Kalten«, flüstert sie im Dunkeln.

»Finger weg von meinem Langnese-Eis«, zischelt er.

Zwerg Laurin war mal wieder mächtig spitz. In der Straße der roten Lampen fackelte er nicht lange, knöpfte sich die größte, blondeste und busigste Nutte vor: »Was sagst du zu einem kleinen Fick?«

Sie blickte zu ihm herunter, lächelnd: »Hallo, du kleiner Fick!«

»Doktor«, beginnt Bruno Bunkerbach unsicher, »ich habe neun Kinder, und meine Frau ist schon wieder schwanger. Wie kann ich den Storch ein für allemal stoppen?«

»Bringen Sie ihn in der Luft mit der Schrotflinte zur Strecke.«

Warum brauchen Frauen immer etwas länger, um zum Höhepunkt zu gelangen?

Wen interessiert das schon?!

Udo stürzt in die Apotheke.

»Seit ein paar Tagen habe ich diesen gewaltigen Ständer in der Hose — schauen Sie nur! —, und der will und will sich nicht legen. Was können Sie mir dafür geben?«

Die Apothekerin zieht sich eilig mit ihrer Kollegin ins Hinterzimmer zurück, dann tritt sie mit frohlockender Miene auf Udo zu:

»Also, junger Mann, was wir Ihnen geben könnten, sind 5000 Mark und die Apotheke.«

Und dann war da noch der Pantoffelheld, der sein Testament mit den Worten begann:

»Mein erster Wille ...«

»Was würde Ihre Mutter sagen, wenn sie sehen könnte, was Sie hier treiben?« fragt der junge Herr Pfarrer die Straßendirne.

»Die? Die würde mich umbringen, denn ich steh' an ihrer Ecke.«

Warum ist die Klitoris wie die Antarktis?

Weil fast alle Männer wissen, daß es sie da unten gibt, aber nur die wenigsten sich einen Teufel um sie scheren.

Wie geht ein typischer deutscher Fernsehwitz?

So:

Frage: Was hängt in Afrika in den höchsten Bäumen, ist grün und wabblig, und selbst Tarzan schwingt sich in großem Bogen darum herum?

Antwort: Igittigitt, das ist der Sabber-Sabber von den Giraffen!

Was diese Sabberei mit dem deutschen Fernsehen zu tun haben soll? Es ist eine Wiederholung (von der ersten Seite)!

Rudolf kommt nach Hause. Seine Frau sitzt auf der Heizung.

»Was machst du da?« knurrt er sie verwundert an.

»Dein Abendessen aufwärmen, Liebling«, haucht sie.

Mitten im Liebesakt segnet Herr Mehwald das Zeitliche. Der Bestatter weist am nächsten Morgen Frau Mehwald darauf hin, daß der Verblichene mit der unveränderten Erektion die Trauergäste etwas verwundern könne.

»Schneiden Sie das Glied ab und stecken Sie es ihm in den Hintern«, trägt sie ihm auf.

Dann während der Beerdigungszeremonie: Ein aufgeregtes Tuscheln geht durch die Aufbahrungshalle. Der Tote hat eine Träne auf der rechten Wange!

Nachdem sich der Trubel gelegt hat, tritt Frau Mehwald an den Sarg, senkt ihre Stimme: »Ja, ja. Tut doch weh, nicht wahr?«

Weswegen flog Siggi Schlip, der schönste Stripper aller Frauen, achtkantig aus der ›Bongo-Bar‹?

Weil er sich in letzter Zeit auf der Bühne nur noch hängen ließ.

Rührend, wie sich René um seine Marion kümmert. Vor der Niederkunft wich er nicht von ihrer Seite, schien förmlich in ihren heranwachsenden Mutterfreuden aufzublühen, ob bei der Schwangerschaftsgymnastik, bei den täglichen Atemübungen — René war immer händchenhaltend dabei. Und dann natürlich noch euphorischer im Kreißsaal, als es endlich soweit ist.

Am nächsten Morgen drückt er sich sein Traummädchen an die Brust.

»Ach, Marion, was muß das für ein wunderbares Gefühl gewesen sein, solch ein ... Zauberwesen auf die Welt bringen zu dürfen.«

»Leg das Baby ins Körbchen«, sagt sie. »Ich werd' versuchen, dir das wunderbare Gefühl, wie du sagst, nahezubringen.«

Hingerissen folgt René ihren einladenden Handbewegungen, auf ihrem Bett Platz zu nehmen.

»Lächle«, instruiert sie ihn. »Bis zu beiden Ohren, soweit du kannst!«

Er reißt den Mund sperrangelweit auf.

»Jetzt«, fährt sie fort, »stecke alle Finger in deine Mundwinkel und zerre deine Lippen, soweit du es schaffst!«

»Oh«, macht er, aber das klingt kaum noch begeistert.

»Das ist noch nicht alles«, setzt sie ihre Anweisungen fort. »Jetzt kommen wir zu dem sogenannten wunderbaren Gefühl ... Zieh dir einfach mit einem Ruck deine Lippen weit über den Kopf!«

Die Großmutter spielt bei ihrem Enkel Babysitter, bringt den Kleinen schön ins Bett, singt ihm ein Schlaflied vor:

»Eene, meene Mütze, zehn Pfund Grütze.
Eene, meene Muh, und mud' bist du!«

Mißtrauische Augen beobachten sie.

»Mal ehrlich, Oma, bist du blau?«

Was ist die absolute Hölle für eine Frau?

Wenn ihr der Tierarzt eröffnet, daß ihr Schäferhund einen Tripper hat.

»Sie haben eben meiner Frau auf den Fuß getreten. Ich verlange Genugtuung.«

»Na meinetwegen. Meine Frau ist die füllige Brünette da drüben.«

Wie tanzt Zwerg Laurin mit den heißen Partygirls?

Wange an Backe!

»Dieser Harry treibt es aber toll. Kaum ist seine Frau unter der Erde, hat er schon eine Freundin. Ist er denn gar nicht in Trauer?«

»Doch. Seine Freundin ist ja Afrikanerin.«

»Stell dir vor«, kann es die Krankenschwester nicht für sich behalten, »ich habe mich mit Dr. Schwängert verlobt.«

»Der hat doch gar keine Praxis.«

»Hast du 'ne Ahnung!«

Und also sprach der Fernsehproduzent zum Busenwunder: »Abgemacht — Sie bekommen die Rolle und ich Ihren Wohnungsschlüssel ...«

Was sagte der Irre zum anderen Irren in der Badeanstalt?

»Nun trink schon aus, wir wollen gehen.«

Was muß die hübsche Sprechstundenhilfe tun, wenn der Tierarzt einen Zahn zieht?
Die Schnauze halten.

Der Zollbeamte stoppt den Brummi.
»Was haben Sie geladen?«
»Antibabypillen.«
Aus reiner Routine hebt der Beamte die Plane, prallt zurück. »Na hör'n se mal! Da sitzen ja lauter Frauen drin — mit dicken Bäuchen!«
»Ach, habe ich glatt vergessen«, sagt der Brummi. »Heute fahre ich Reklamationen.«

So spielen Mäuse Versteck:
»Wenn du mich nach zehn Minuten findest«, sagt die Mäusefrau, »darfst du mich auf die Wange küssen. Findest du mich nach fünf Minuten, darfst du mich richtig küssen. Findest du mich sofort, uiiiiii!, dann darfst du dir aussuchen, was du mit mir machen willst. Übrigens — ich verstecke mich dort im Schrank in der Schublade ...«

»Keine falsche Scham«, beruhigt der Doktor seine Patientin. »Ich habe ein rein medizinisches Interesse an Ihrem Körper — an den prallen Brüsten, dem knackigen Po, der zarten Haut Ihrer warmen Oberschenkel ...«

»Warum bin ich heute bloß so müde?» gähnt Sabine. »Komisch. Dabei bin ich letzte Nacht mindestens achtmal ins Bett gegangen.«

»Nützt diese Schönheitscreme was?«
»Aber ja«, versichert die Kosmetikerin. »Sie nehmen doch sicher die Fünfkilotrommel, nicht wahr?«

Er: »Raus mit der Sprache. Sage mir endlich die drei schönsten Worte, die jedes Liebespaar auf ewig aneinanderschmieden!«
Sie: »Ich bin schwanger ...«

Was seufzte die Zeugin bei der Gegenüberstellung mit acht Trenchcoat-Männern zum Kriminalkommissar?

»Ich kann ihn nicht wiedererkennen — damals im Park war er viel größer ...«

Anja zeigt ihrer Freundin ein Foto von ihrem Mann.

»Den kenn' ich«, sagt die. »Das ist doch der Langweiler, der immer diese scheußlichen Schlafanzüge trägt.«

Zwei Kinder schleichen über den schummrigen Waldweg, spähen in ein schaukelndes Auto.

»So was!« mokiert sich der eine Späher. »Nicht mal einen Schlüpfer überm Arsch, aber einen dicken Mercedes fahren!«

Nachts im Park. Ein Jogger hört wüste Schreie aus dem Gebüsch. »Himmel noch mal, wird da einer umgebracht?« ruft er entsetzt.

Plötzlich Stille. Dann eine weiche Frauenstimme: »Ganz im Gegenteil.«

Der heiße Tip für alle Autofahrer!

»Warum ist Ihr Wagen auf der einen Seite rot und auf der anderen Seite gelb lackiert?«

»Damit sich die Zeugen widersprechen.«

Was macht der Teufel, wenn er keine Zeit hat?
Er schickt ein Weib!

»Vorbeugen ist alles«, sagte die Hausfrau zu den Partygästen. »Deshalb habe ich die Rollmöpse gegen den Kater gleich mit in die Bowle getan.«

Was flüsterte das Fischmädchen zum anderen?
»Flossen weg von dem flotten Hecht da! Mich hat er mit über zwei Millionen Eiern sitzen lassen.«

»Ich glaube, mein Mann betrügt mich«, bricht Frau Walzbein ihr Schweigen. »Keines unserer drei Kinder sieht ihm ähnlich.«

Frage: Was ist aller Laster Anfang?
Antwort: Die Stoßstange!

»Macht es Ihnen gar nichts aus, daß Ihre Frau als Stripperin arbeitet?«
»Wieso? Ich muß sie ja nicht nackt sehen.«

Kundin: »Mein Gatte und ich haben demnächst unseren zehnten Hochzeitstag. Welchen Wein könnten Sie mir emfehlen?«
Feinkosthändler: »Nur eine Frage, gnädige Frau. Wollen Sie feiern oder vergessen?«

»Ich muß höllisch aufpassen, daß ich kein Kind kriege.«
»Aber dein Mann hat sich doch sterilisieren lassen!«
»Eben.«

Im Wald hat er sie flachgelegt. »Liebling, hast du auch schön aufgepaßt?« erkundigt sie sich danach.

»Na und wie! Ich hab' die ganze Zeit nach rechts und links geschaut. Es hat uns wirklich keiner dabei beobachtet.«

Die Ehefrau hat sich eine tolle Perücke gekauft, trifft ihren Mann.

»Na, Süßer, wie wär's mit uns beiden?« fragt sie kokett.

»Nee, Süße«, winkt er energisch ab. »Du erinnerst mich zu sehr an meine Alte.«

»Herr Ober, die Serviette ist ja total verdreckt.«

»Ach was. Sie ist nur nicht ordentlich zusammengefaltet.«

»Ich hab' von Ihnen geträumt«, sagt der Chef zu seiner Sekretärin. »Donnerwetter, sind Sie versaut — schämen Sie sich gar nicht, Fräulein Weichert?«

Ein Eskimo zu einem anderen: »Das war gestern absoluter Kälte-Rekord. Eine geschlagene Stunde dauerte es, bis meine Frau endlich ansprang.«

»Möchtest du mal, Marianne, mit einem großen Wagen mit Chauffeur fahren?«

»O ja.«

»Dann nehmen wir heute den Bus.«

Zwei alte Freunde treffen sich

»Was gibt's Neues?«

»Meine Frau betrügt mich.«

»Ich fragte, was gibt es Neues?«

Mutter: »Wie konntest du dich mit dem Erstbesten einlassen?«
Tochter: »Irrtum, Mami, er war weder der erste noch der beste.«

»Du, Mami, was sind Hoden?« möchte die Kleine wissen.

»Still, mein Kind, kümmere dich nicht um ungelegte Eier.«

»Warum haben Sie Ihren Zahnarzt verprügelt, Angeklagter?«

»Er ging mir auf die Nerven ...«

Endlich ist der Tunnel zu Ende. Ein Aufatmen geht durch das Zugabteil, in dem eine Frau mit drei Männern sitzt.

»Der war aber lang, was Fräulein?« meint der ältere Herr gegenüber.

»Das kann man wohl sagen«, errötet sie. »War das Ihrer?«

Detlef kommt aus der Schule:

»Mutti, morgen haben wir Sexualunterricht — da möchte ich doch sicherheitshalber baden und eine saubere Unterhose anziehen.«

Die grüne Witwe zum Briefträger: »Das fällt doch unter das Postgeheimnis, oder?«

Die flotte Kellnerin zum Gast: »... und einmal Pozwikken macht zusammen dreiundsechzig Mark achtzig!«

»Mein Uwe sagt, ich hätte eine klassische Figur. Was ist eigentlich klassisch?«

»Alles, was alt ist.«

Viel Erfahrung hat die Trixi wirklich nicht. Wütend richtet sie sich im Bett auf und schimpft ihren Freund an: »Was willst du denn — rein oder raus? Dieses ewige Hin und Her raubt mir den letzten Nerv.«

»Ich würde gerne meinen Ehemann wiedersehen«, sagt die Frau, als sie im Himmel von Petrus empfangen wird.

»Wie heißt er?«

»Willi Schmidt.«

»Wir haben hier oben an die sechs, sieben Millionen Schmidts«, gibt Petrus zu bedenken. »Hat dein Mann irgendwas Besonderes?«

Sie überlegt. »Ja, bevor er starb, eröffnete er mir, daß er sich jedesmal, wenn ich ihm untreu wäre, im Grab umdrehen würde.«

Aufatmend wendet sich Petrus seinem Engel zu: »Los, hol schnell unseren ›Wirbel-Willi‹!«

Ein kleines Mädchen schiebt seinen Puppenwagen. Eine ältere Frau schaut hinein, wundert sich: »Du hast ja keine Puppe im Wagen.«

»Ich nehme ja auch die Pille.«

Was geschah mit dem Trampel, der Susi zum Tanz aufforderte und auf dem Parkett zwanzig Füße zu haben schien?

Als er Susi in ihr Appartement brachte, hatte er plötzlich — zwanzig Hände ...

Frage: Warum sind Singles mager und Ehemänner dick?

Antwort: Ein Single schaut in den Kühlschrank, findet nichts Besonderes, geht ins Bett. Ein Ehemann schaut ins Bett, findet nichts Besonderes und geht zum Kühlschrank.

Fahrzeugkontrolle.

Der Polizist zu dem Mädchen am Lenkrad: »Zeigen Sie mir bitte mal Ihr Warndreieck.«

»Was — hier mitten auf der Straße?«

Was ist der Unterschied zwischen einem Sack Zement und einem Kondom?

Blasen Sie doch einfach mal rein!

Manfred Keisers heiratet eine noch sehr junge Witwe. In der Hochzeitsnacht gesteht sie ihm: »Du wirst es nicht glauben, mein Junge, aber ich bin noch Jungfrau.«

»Du warst doch schon mal verheiratet«, kann es Manfred Keisers in der Tat nicht glauben.

Ein Seufzen. »Ja, aber mit einem Handwerker.«

»Warum hast du dem Fußballstar eine Ohrfeige gegeben?« fragt die Freundin.

»Wegen Regelverstoßes beim Tanzen.«

»Was hat er getan?«

»Hand im Strafraum.«

Der Eisbär: »Möchte mal wissen, was du die ganze Zeit zu brummen hast.«

Die Eisbärin: »Na hör mal — jedes Jahr den selben Pelz.«

»Haben Sie Zyankali?« wird der Apotheker gefragt.

»Ja. Haben Sie ein Rezept?« wird der Kunde gefragt.

»Nein, ein Rezept habe ich nicht, dafür aber ein Foto von meiner Alten.«

Patient: »Können Sie was gegen meine Schlaflosigkeit tun?«
Arzt: »Zuerst müssen wir die Ursache Ihres Leidens beseitigen.«
Patient: »Leicht wird das nicht sein — meine Frau hängt doch so an dem Baby...«

Was dachte die glückstrahlende Braut, als sie mit ihrem glückstrahlenden Bräutigam die Kirche betrat?

»Endlich hat die verdammte Kalorienzählerei ein Ende.«

»Ich kann nichts bei Ihnen finden«, murmelte der Gynäkologe zwischen den Schenkeln der reizenden Patientin, »aber ich kann ja nächste Woche noch einmal suchen.«

»Mein Fräulein, würden Sie mit einem wildfremden Kerl ins Bett hüpfen?«

»Niemals, alter Freund.«

Was rief der Taifun zur Palme?

»Halt bloß die Nüsse fest, jetzt wird geblasen!«

Und was rief die Henne der anderen zu, als sie vor dem Hahn davonflatterten?

»Nicht zu schnell! Er ist nicht mehr der Jüngste ...«

»Tut mir leid, Herr Doktor«, klagt die 17jährige, »mit den Antibabypillen, die Sie mir verschrieben haben, bin ich gar nicht zufrieden.«

»Wieso?«

»Och, die fallen ja immer wieder raus.«

»Bitte einen Kondom«, äußert der Kunde seinen Wunsch. Der Apotheker legt ihm die Schachtel hin. »Wir haben aber leider nur Dreierpackungen.«

Der Mann macht die Schachtel auf, zieht einen Präser heraus, schiebt die angebrochene Packung von sich: »Ich versuche nämlich gerade, es mir abzugewöhnen.«

Aufgebracht stürmt die junge Lehrerin ins Rektorat.

»Herr Direktor, wissen Sie, was ein Schüler eben zu mir sagte? Nun … daß er heute abend mit mir schlafen will.«

»Brillenträger?«

Sie nickt.

»Lange blonde Haare?«

»Ja.«

»Braune Cordhose, rotkariertes Holzfällerhemd?«

»Ja, Herr Direktor.«

»Ich warne Sie. Das ist Harry Neumann. Der macht das wirklich!«

Was sagte dieser Harry Neumann, als er zum zweitenmal durchs Abitur fiel?

»Das konnte ja nicht gutgehen. Derselbe Saal, dieselben Prüfer, dieselben Fragen.«

Was macht eine Frau unbedingt verdächtig? Wenn in ihrem Schlafzimmer ein Präservativ-Automat hängt.

Der brave Streifenpolizist will sichergehen, daß der Betrunkene heil heimkommt.

»Ist das auch ganz sicher Ihre Wohnung?« vergewissert er sich, während der Saufbruder voraustorkelt.

»Sehen Sie, Wachtmeister, hier ist ein Klavier. Wenn Sie

Licht machen, können Sie sich davon überzeugen, daß die Gardinen hellblau sind … Die Schlafzimmertür ist da links, sehen Sie? Und, schauen Sie nur, die Frau da im Bett, das ist meine liebe Frau, die Lisa – und der Mann da auf ihrem Bauch, der sie mal wieder ordentlich rannimmt, das bin ich!«

Fortsetzung folgt!

Am nächsten Morgen betrachtet sich der Saufbruder im Spiegel und lächelt freundlich: »Ich kenne dich zwar nicht, aber deine Zähne putze ich dir trotzdem, Kumpel.«

Am Morgen nach der Hochzeitsnacht. Sie schluchzt. Er fragt, warum. Sie deutet auf seinen arg geschrumpften Stolz. »Guck doch! Wir haben ihn in einer einzigen Nacht schon so gut wie aufgebraucht.«

Was ist der Unterschied zwischen einer Jungfrau und Oberbayern?

Keiner! Je tiefer man hineinfährt, desto lauter wird gejodelt.

Wortwechsel im Kreißsaal.

»Das eine hätten wir«, stöhnt die Hebamme. »Jetzt kommt das zweite, und wir haben das prächtige Zwillingspärchen komplett.«

»Um Himmels willen«, stöhnt die junge Bauersfrau, »ist das vom Sepperl auch schon da?«

Er, sechsfacher Vater: »Du, ich habe den Verdacht, daß der Walter gar nicht von mir ist.«

Sie: »So ein Quatsch! Gerade der Walter ist von dir.«

Im Winterstall unterhalten sich zwei Kühe, wie es ihnen im Sommer auf der Alm erging.

»Super!« gerät die eine ins Schwärmen. »Wir weideten auf den Südhängen, nur saftiges Gras, sage ich dir — und unser Stier war jung und wild, ach, einfach Klasse!«

Die andere läßt den Kopf sinken. »Bei uns auf den Nordhängen war's das reinste Trauerspiel. Mageres Gras, steiniger Boden ...«

»Und euer Stier?«

»War ein blöder Ochse, der fortwährend nur von seiner Operation erzählte.«

Es sagte der Reiseleiter:

»Und hier sehen Sie die berühmte Riesenschlange, die ein ganzes Schwein verschlingen kann. Vorsicht, meine Damen, gehen Sie nicht zu nah heran!«

In einer ländlichen Gastwirtschaft bestellt der einsame Wanderer einen Hasenbraten.

»Hat den dein Papa geschossen?« fragt er die kleine Wirtstochter.

»Ja, zur Strafe — weil er unseren Kanarienvogel gefressen hat.«

Oma hatte Leibschmerzen, man ließ den Arzt kommen, jetzt geht es ihr schon wieder viel besser.

»Nett von euch«, wendet sie sich der Familie zu, »den Pfarrer zu rufen, daß er nach mir sehen konnte.«

»Aber Oma«, wird ihr widersprochen, »das war doch der Doktor.«

»Ach so«, stutzt Oma. »Na ja, ich fand ja auch, daß er für einen Pfarrer etwas zu vertraulich war.«

Vater, Mutter und drei Töchter speisen vornehm im Restaurant. Nach dem Dessert ...

Mutter: »Hast du mal ein paar Groschen für — na ja, du weißt ja.«

Er hat, sie verschwindet, kehrt zurück.

Erste Tochter: »Papa, gibst du mir auch mal ein paar Groschen ...«

Er gibt, sie verschwindet, kehrt zurück.

Zweite Tochter: »Papa ...«

»Da«, sagt er. Sie verschwindet, kehrt zurück.

Dritte Tochter: »Du ...«

Weiter kommt sie nicht. Er knallt eine Münze auf den Tisch, ruft: »Okay, diese Mark wird noch verpißt, aber dann gehen wir!«

Freunde unter sich am Telefon:

»Gestehe, daß du meine Frau immer noch liebst!«

»Überhaupt nicht wahr! Sie ist schon eine halbe Stunde weg ...«

»Zu gern würde ich meine Geschiedene wieder heiraten.«

»Will sie nicht?«

»Nein. Sie meint, ich sei doch nur hinter meinem Geld her.«

Als der Taxameter auf 24 Mark 80 steht, fällt dem überaus weiblichen Fahrgast ein, kein Geld dabeizuhaben.

Grient der Chauffeur: »Das kriegen wir schon irgendwie hin, junge Frau. Ziehen Sie Ihr Höschen aus!«

Scheue Frage von den Rücksitzen: »Das hat aber nur fünf Mark gekostet.«

Die junge Witwe beim Juwelier.

»Mein Mann hat mir 20 000 Mark für einen Gedenkstein hinterlassen. Können Sie mir wohl einige Steine in dieser Preisklasse zeigen?«

Mutter: »Sofort sagst du mir, wo du diese Schmutz- und Schweineworte gelernt hast.«
Kind: »Auf dem Spielplatz — vorm Finanzamt.«

Ein Gärtner beschäftigt einen Hilfsarbeiter, der stottert. Eines Tages will er ihn aufziehen. »Ich weiß ein prima Mittel gegen dein Stottern.«

»Wwwwwassss ddddennnnn?«

»Den Mund halten«, platzt der Gärtner hundsgemein heraus.

Darauf der Stotterer: »Ddddu! Uuuuund ich wwwweiß ein ppppprimamama Mmmmmmmittel ggggegen dddddein Unununkraut.«

»Nein«, freut sich der Gärtner, ist völlig aus dem Häuschen. »Was denn?«

»Zzzzzzzubbbbbbetontontontonnnieren!«

»Bitte, mein Herr«, sagt die Frau mit der Sammelbüchse im Café, »eine Spende für unsere gefallenen Mädchen ...«

»Nein«, lehnt der Angesprochene ab. »Ich spende direkt.«

Ein Yuppie auf dem Scheißhaus. Kein Papier. Zum Glück sitzt nebenan auch jemand.

»Würden Sie so gut sein und mir ein paar Blatt Papier rüberschieben?« fragt er.

»Hier ist auch keins.«

Darauf der Yuppie, cool: »Können Sie mir einen Tausender wechseln?«

Sohn: »Papa, warum gehst du nicht mal mit mir in den Zirkus?«
Vater: »Keine Zeit.«
Sohn: »Aber da soll eine nackte, tolle Frau auf einem Tiger reiten.«
Vater: »Gut, gehen wir. Ich hab' schon eine Ewigkeit keinen Tiger mehr gesehen.«

»Was reizt dich eigentlich noch an deiner Frau?«
»Jedes Wort.«

So sagt's der Förster vom Silberwald:

»Ein glücklicher Jäger hat den Hasen in der Hand, die Büchse geschultert, und der Hund steht daneben ... Ein unglücklicher Jäger hat den Hasen im Bett, die Hand auf der Büchse, und der Hund will einfach nicht stehen!«

Die junge Ehefrau ist zur schwerkranken Mutter gefahren.

Im Kühlschrank findet ihr Mann einen Zettel: »Guten Appetit!«

Im Bett den nächsten: »Ich liebe dich ...«

Und noch einen in seinen Ausgeh-Schuhen: »Du gemeiner Schuft, wo willst du hin?«

In der Sex-Boutique läßt sich Annemarie die gesamte Plastikpenis-Kollektion zeigen.

Plötzlich deutet sie hocherfreut hinter den Ladentisch: »Da ist doch genau das, was ich suche.«

»Bedaure«, sagt die Verkäuferin, »das ist meine Thermosflasche.«

Paul hat Schwierigkeiten mit der Erektion. Sein Arzt rät ihm, sich vor dem Zubettgehen ein Stück Holz unter den Schwanz zu binden. Sofort am Abend probiert Paul die Methode bei seiner Frau aus.

Als er ihn einführt, ruft der eine Eierstock dem anderen zu: »Ich hab' ja schon viele gesehen, in allen Farben und Größen, aber daß sie einen auf 'ner Bahre reintragen ...«

»Du bist ein erklärter Freund von Bohnensuppen, stimmt's?«

»Ja, woher weißt du das?«

»Ich habe davon Wind bekommen.«

Was ist der Unterschied zwischen dem legendären Pop-Duo ›Milli Vanilli‹ und dem Orgasmus einer Frau?

Es gibt keinen — jeder einzelne schrille Ton nur vorgetäuscht ...

VI

Was sagten die beiden Männer, die von der Rheinbrücke pinkelten? – »Ist das Wasser kalt!« – »Und wie tief erst« … Was sonst?

Was, meine Herren, hat Muschelschlabbern mit der Mafia zu tun?

Tja, ein falscher Zungenschlag, und du sitzt voll in der Scheiße drin.

Was ist das — ist blutrot und krabbelt Frauenbeine hoch?

Eine Abtreibung mit Heimweh.

Was sagt eine Frau nach ihrem dritten Orgasmus in einer Nacht?

Wozu willst du das wissen, Kumpel? Das wirst du sowieso nie erleben.

Was ist der Unterschied zwischen einer Muschi und einer Fotze?

Eine Muschi ist süß, warm und einladend. Eine Fotze ist die Frau, die sie besitzt.

Wie nennt man eine Magersüchtige im Pelzmantel?

Pfeifenreiniger.

Wo findet ein Typ wie du Sympathie?

Im Duden — irgendwo zwischen ›Scheiße‹ und ›Syphilis‹!

Weswegen haben alle Westernmädchen O-Beine?

Weil Cowboys niemals ihren Hut absetzen.

Was findet zwangsläufig statt, wenn eine Kuhherde in ein Minenfeld rast?

Der große Euterknall.

Warum tragen die meisten Italiener Bärte?
Damit sie nicht wie ihre Mutter aussehen …

Wodurch unterscheidet sich eine Gurke von einer Teen-Disco?
Bei der Gurke sind alle kleinen Pickel außen.

Was tanzt Berlin bei Nacht?
Den Räumungstango, daß es kracht.

Woran kann man merken, daß mal wieder eine frei herumlaufende Elefantin ihre Tage hat?
Wenn auf deinem Nachttisch ein Trinkgeld liegt und deine Matratze verschwunden ist …

Wie kann ein sportbegeisterter Vater noch mit seinem toten Baby spielen?
Er schneidet Arme und Beine ab und spielt mit ihm Fußball!
(Unter uns — geht das nicht ein bißchen zu weit? Ja. Aber schmutzige Witze können niemals zu weit gehen. Würg, Brech & Kotz!)

Wozu dienen die Plastikvorhänge in jeder Hotel-Dusche? Für deine ganz persönliche ›goldene Dusche‹, mein Freund.

Was ist der Unterschied zwischen Möse und Moos?
Hast du etwa schon mal Moos gekaut?

Wieso zersägte der Zauberkünstler seine Frau?
Er konnte sie nicht mehr ganz verkraften.

... Und was für Geschwister hat jener Zauberkünstler?
Drei Halbschwestern, zwei Halbbrüder.

Mit welchem Film startete Arnold Schwarzenegger seine Weltkarriere?
Mit ›Onan, der Barbar‹.

Was glüht und bringt keinen Ton heraus?
Ein Baby mit dem Finger in der Steckdose.

Wie heißt der Hollywoodstar, von dem alle Termiten träumen?
Woody Woodpecker.

Woran kann man auf den ersten Blick feststellen, daß ein Mann mit vielen Schwestern aufgewachsen sein muß?
Daran, daß entweder sein rechtes oder sein linkes Auge wie ein Schlüsselloch aussieht...

Gibt es Menschen, die keine schmutzigen Witze erzählen?
Ja.
Was sind das für Menschen?
Solche, die sich partout keinen merken können.

Warum machte es in dem wüst schaukelnden Wagen im Autokino mitten im Stöhnen und Juchzen plötzlich ›Zisch‹?
Weil er den Zigarettenanzünder reindrückte!

Wieder fährt ein junger Taxichauffeur seine letzte Fuhre durch die Nacht, und wieder fällt dem weiblichen Fahrgast beim Taxameterstand von 24 Mark 80 plötzlich ein, kein Geld dabei zu haben.

Aber diesmal handelt es sich um eine ziemlich ältere Dame hinten auf dem Rücksitz.

»Wir werden uns schon einig werden, junger Mann«, haucht sie verführerisch.

Er dreht sich nach ihr um, da schlägt ihr Pelzmantel auf, gibt ihre Nacktheit preis. Kokett spreizt sie die Schenkel, fährt sich mit beiden Händen einladend auf die weitgeöffnete Muschi.

Knurrt er: »Hätten Sie's nicht ein bißchen kleiner, gnädige Frau?«

»Sag mal Kumpel, bist du schon mal so besoffen gewesen, daß du einem Mädchen den Bauchnabel geküßt hast?«

»Noch viel besoffener!«

Was war die erste Diskrepanz zwischen den Geschlechtern?

Als Adam noch im siebten Himmel war, war Eva schon im fünften Monat.

Ein frischverheirateter Eheknochen gibt zu Protokoll:

»In den ersten Wochen nach unserer Hochzeit haben wir im Park, im Fahrstuhl, auf dem Geschirrspüler, auf dem Teppich, im Keller, sogar auf der Toilette gevögelt. Jetzt sind wir nicht mal vier Wochen verheiratet, und die ganze Romantik ist futsch ...«

Nur aushilfsweise fährt der flotte Gerd Taxi. Er bekommt einen männlichen Fahrgast, als er schon Feierabend machen will, kurz nach Mitternacht.

Nach einer Weile hat der flotte Gerd ein mulmiges Gefühl. Der Mann, der kein konkretes Ziel angibt, dirigiert ihn in die Außenbezirke, schließlich an den Waldrand.

Bevor der flotte Gerd die Funkzentrale heimlich alarmieren kann, spürt er die kalte Mündung eines Revolvers im Nacken.

»Aussteigen«, befielt der Unbekannte, als der Wagen zum Stehen kommt.

»Hose runter!«

Der flotte Gerd kriegt es mächtig mit der Angst zu tun, befolgt brav jede weitere Anweisung ...

Nachdem alles vorbei ist, läßt sich der Mann wieder in die Stadt zurückbringen. Er bezahlt korrekt den Fahrpreis, legt noch einen Hunderter als Trinkgeld drauf.

»Also das hätten Sie doch wirklich einfacher haben können«, meint der flotte Gerd augenzwinkernd.

»Nein«, widerspricht der Fremde.

»Aber für das Geld hätte ich's gern freiwillig getan.«

»Eben«, schmunzelt der Mann. »Und das wäre für mich nur der halbe Spaß gewesen.«

»Wie — warum?«

»Weil dir dann nicht so die Muffe gegangen wäre ...«

»Hat dich deine Frau schon mal beim Onanieren hinter der Küchentür erwischt?«

»Nein, warum?«

»Spitzenversteck, was?«

Was hat der Büroangestellte beim Billardspielen?

Löcher in den Hosentaschen.

»Ist sie nicht süß? Und auf dem Rücken liegen kann sie auch schon!« ...

... schwärmte die Nutte, als sie ihre fünf Wochen alte Tochter allen Kolleginnen stolz vorführte.

Der Opa verreist mit seinem halbwüchsigen Enkel. Im überfüllten Hotel müssen sie in einem Bett schlafen. In der Nacht schreckt der Opa plötzlich hoch.

»Besorge mir auf der Stelle eine Frau!« rüttelt er seinen Enkel wach.

»Überleg's dir noch mal«, bittet der. »Tut mir leid, aber was du da in der Hand hältst, Opa, ist meiner.«

Was sagte die Frau zum Arzt, als sich ihr Mann die Hand gebrochen hatte?

»Bitte die Wahrheit, Doktor! Wird mein Mann je wieder Geschirr spülen können?«

Und dann war da noch der Arzt, der dem hübschen Ding sein Stethoskop auf die Brust setzte und verlangte:

»So, und nun sagen Sie mir schön laut und deutlich Ihre Telefonnummer ...«

Eine Mutter mit ihrem kleinen, bösen Buben beim Zahnarzt:

»So, und jetzt bist du ganz lieb, Flori, und machst den Mund auf, damit der Onkel Doktor wieder seine Hand rausnehmen kann!«

»Sind Sie in der Lage, an mir eine Schönheitsoperation vorzunehmen?« erkundigt sich die nicht mehr taufrische Patientin.

Der Arzt schaut sie kurz an. »Enthauptungen sind leider nicht mein Metier.«

»Wo tut's uns denn weh?« möchte der Internist von dem Metzgermeister erfahren.

Der erklärt: »Vom Schlegel aufwärts über das Schnitzelfleisch zu den Koteletts und seitwärts bis zum Rippenspeer.«

Was unterscheidet den Igel von der Igelin?
Der eine Stachel mehr.

... Was unterscheidet die Ehefrau von einer Witwe?
Der eine Stachel weniger? Nein. Die Witwe weiß immer, wo ihr Mann ist.

Zwei Tafeln Schokolade liegen im Supermarkt-Regal übereinander. Welche ist die männliche?
Die mit den Nüssen.

Warum sind schöne Frauen wie schnelle Autos?
Na, tolles Styling, Luxusklasse, viele teure Extras — und dann fährt ein anderer rein!

Was ist der Grund dafür, daß es heutzutage nur noch halb so viele Kannibalen im Busch gibt?
Es hat sich bis zu ihnen herumgesprochen, wie schön 69 mundet ...

Wie nennt man eine Frau, die einen Pingpongball durch einen dreißig Meter langen Gartenschlauch blasen kann?
»Liebling ...«

Schiffstragödie. Einer kommt durch, wird an den Strand einer einsamen Insel gespült: Klaus-Peter.

Alles ist zum Überleben da, Wasser, Nahrung und eines schönen Tages sogar ein kuschelweiches Schäfchen. Aber Klaus-Peter hat Pech. Kaum will er sich mit dem freundlichen Tier etwas näher anfreunden, stürzt ein riesiger Hund aus dem Palmenwald, bellt und kläfft und beißt.

So geht das jeden Tag, jede Nacht.

Klaus-Peter und das Schäfchen kommen sich einfach nicht näher!

Da wirft die nächste Sturmflut eine wunderschöne Frau auf den Strand, halbtot.

Klaus-Peter macht stundenlang mit der Bewußtlosen Mund-zu-Mund-Beatmung, rettet ihr das Leben.

»Wie kann ich mich nur bei Ihnen bedanken?« fragt sie, als sie die Augen aufschlägt. »Ohne Sie wäre ich ertrunken. Alles, o mein wunderbarer Retter, tue ich für Sie!«

»Wirklich alles?« vergewissert sich Klaus-Peter.

Sie nickt stürmisch.

»Okay«, rückt er zögernd mit seinem Herzenswunsch heraus: »Dann halten Sie mir diesen verdammten Köter vom Hals …«

Nach der eingehenden Untersuchung ist der Gynäkologe außer sich. »Also, gnädige Frau, Sie haben die sauberste Vagina, die ich je gesehen habe.«

»Kein Wunder«, schmunzelt die Patientin etwas verschämt. »Mein Kaminkehrer kommt zweimal in der Woche.«

Was ist der Unterschied zwischen einer Bowlingkugel und einer angejährten Dirne?

In die Bowlingkugel kriegt man nur drei Finger rein.

Was stellen sich die meisten Männer unter einer absolut perfekten Frau vor?

Eine stumme, taube und blinde Nymphomanin, die einen Schnapsladen besitzt!

Wer hat für benutzte Monatsbinden noch Verwendung?

Jeder ganz normale Vampir.

Und wofür?

Als Teebeutel.

Warum reiben sich eigentlich alle Frauen morgens die Augen, wenn sie aus dem Bett steigen?

Weil sie keine Eier zum Kratzen haben.

Max hat ein bezauberndes Geschöpf kennengelernt, und nichts ersehnt es mehr, als ihn Hals über Kopf zu heiraten. Max ist sprachlos vor Glück. Und so bringt er es beim besten Willen nicht über die Lippen, von seinem großen Geheimnis zu erzählen — von seinem Holzbein …

Als sie sich verloben, Hand in Hand die Eheringe aussuchen, den Hochzeitstag festlegen, bringt Max immer nur eine zaghafte Andeutung heraus: »O Liebling, ich hab' eine große Überraschung für dich.«

Und jedesmal, wenn er das sagt, errötet sie und strahlt vor Glück.

Dann endlich in der Hochzeitsnacht ist es soweit, daß sie keine Sekunde länger warten kann.

»Du hast mir was versprochen, Max«, flüstert sie atemlos, während sie ihn unter die Bettdecke zieht. Wieder ist er sprachlos, macht eilig das Licht aus, entblößt sein Holzbein.

Da ist sie schon mit der Hand dran und — reibt und reibt …

»Mmmm«, stöhnt sie selig auf. »Das nenn' ich wirklich eine große Überraschung. Schnell rüber mit der Vaseline! Mal sehen, was ich für dich tun kann …!«

Wovon andere Männer träumen, davon hat Norbert längst die Nase voll — seine Frau trägt grundsätzlich keine Unterwäsche, egal zu welcher Jahreszeit.

Und belehren läßt sie sich schon gar nicht.

Prompt erwischt sie im Winter eine üble Erkältung. Als Norbert den alarmierten Hausarzt in die Wohnung läßt, klärt er ihn kurz über den Sachverhalt auf. »Vielleicht können Sie meiner Frau die Augen öffnen, daß sie drunter was anziehen muß wie jeder vernünftige Mensch«, sagt er voller Hoffnung.

»Keine Sorge«, wird er beruhigt.

Dann betritt der Doktor das Schlafzimmer, um nach der Kranken zu schauen, die hustend im Bett sitzt. Er untersucht ihren Mund, ihren Hals.

»Das sieht aber schlimm aus«, stellt er mit ernster Miene fest. »Wenn Sie nicht endlich anfangen, sich einen Schlüpfer anzuziehen, dann dauert Ihre Erkältung bis in den Sommer hinein, das schwöre ich Ihnen!«

»Wollen Sie mir damit sagen«, stutzt sie, »Sie blicken mir in den Hals und können da genau erkennen, daß ich keine Unterwäsche trage?«

»Ja genau«, bestätigt er.

Kurzerhand dreht sie sich um, reibt ihm ihr nacktes Hinterteil unter die Nase.

»Nur zu, Sie Wunderdoktor! Dann schauen Sie mal in meinem Arschloch nach, ob meine Frisur richtig sitzt!«

Wann ist eine Braut echt geil?

Wenn sie sich eine Handvoll Reservebatterien auf die Hochzeitsreise mitnimmt.

Übrigens — für den gläubigen Schwulen waren die ersten Menschen …

… Adam und StEVAn!

Triumphierend kommt Thomas aus dem Büro, eine Flasche Champagner unter dem Arm. »Meine Siegesprämie«, erklärt er stolz. »Tja, mein Schatz, ich hab' von allen den Größten!«

»Spinnst du?« schreit ihn seine Frau an. »Du hast ihn doch nicht etwa rumgezeigt?«

»Keine Bange — nur so viel, daß ich gewinnen konnte.«

Schweine unter sich:

»Warum hast du ihm nicht guten Tag gesagt?« fragt das eine rosa Schweinchen, als der Eber vorbeigegangen ist.

»Ich den grüßen? Mensch, der hat mich letzte Nacht elendig zur Sau gemacht!«

Aneinandergekuschelt wachen die Jungverliebten im Bett auf.

»Hab' ich einen tollen Traum gehabt«, verdreht sie hingerissen die Augen.

»Stell dir nur vor — ich war auf einer Pimmel-Auktion! Die superlangen Schwänze gingen für fünfhundert Mark weg, die mittellangen für einhundert und die Trauerfälle für zwei Mark fünfzig ...«

»Und«, schluckt er aufgeregt, »war meiner auch dabei?«

»Na hör mal«, legt sie sanften Protest ein, »mit deiner Mega-Größe wärst du doch gar nicht durch die Tür gekommen ...«

Einen Tag später hat er einen tollen Traum gehabt.

»Stell dir nur vor — ich war auf einer Muschi-Auktion. Donnerwetter, waren da Muschis versammelt in dem Versteigerungssaal, riesige, winzige ... Alles, was du willst.«

»Und«, schluckt sie aufgeregt, »war meine auch dabei?«

»Dabei?« wiederholt er. »Na hör mal, in deiner Muschi fand die ganze Auktion statt.«

Was schrie die männliche Mücke, die in den reißenden Fluß fiel, auf dem Rücken schwamm und dabei einen gewaltigen Ständer bekam?

»Schnell die Zugbrücke hoch — oder es gibt ein Unglück!«

Knud ist bereits achtzehn, aber seine Eltern behandeln ihn noch immer wie ein Kind, und sie sind es auch, die ihm seinen größten Weihnachtswunsch einreden – einen Chemiekasten.

Nach der Bescherung zieht sich Knud mit seinem ›kleinen Chemiker‹ in den Keller zurück.

Sein Vater schaut nach ihm, sieht voller Verwunderung, wie der Junge gerade einen Nagel in die Wand schlägt.

»Sag mal, warum schlägst den Nagel in die Wand?«

»Das ist kein Nagel«, erwidert Knud auftrumpfend. »Das ist ein ganz normaler Regenwurm, den ich mit einer raffinierten Flüssigkeit hart wie Stahl gemacht habe.«

Er deutet auf die Mixtur.

»Fantastisch, mein Junge«, lobt ihn der Vater, plötzlich sehr aufgeregt. »Ich mach dir einen Vorschlag. Du leihst mir deine geheimnisvolle Tinktur aus, und dafür werde ich dir morgen eine Kawasaki kaufen!«

Knud ist einverstanden – doch am nächsten Morgen steht keine Kawasaki, sondern ein Porsche draußen vor der Tür. »Hey, Papa, was ist los?« knöpft sich Knud seinen Vater vor.

»Deine Kawasaki ist in der Garage«, beruhigt ihn der. »Der Porsche ist von deiner Mama …«

»Ertrinke ich wirklich, wenn Sie Ihren Finger da unten bei mir rausnehmen?« …

… wollte Rita von dem Rettungsschwimmer wissen, als er sie zum Ufer brachte.

Himmel noch mal, weit über drei Zentner hat Erwin gewogen. Und jetzt nach der radikalen Abmagerungskur, die ihm Dr. Kekkonen verordnete, wiegt er gerade noch einundsechzig Kilo!

»Sind Sie nun zufrieden?« fragt sein Arzt telefonisch nach.

»Nein, Doktor«, seufzt er. »Riesige Fleischfalten hängen mir vom ganzen Körper herab. Es ist schrecklich.«

»Tja«, sagt Dr. Kekkonen, »da hat das Fett dringesessen. Aber keine Sorge. Diese Hautlappen operiere ich Ihnen weg. Kommen Sie in meine Klinik, und das erledige ich ambulant. Schnippschnapp, verstehen Sie?«

»Nein«, muß Erwin passen. »Ich wage mich nicht aus dem Haus. Sie haben ja gar keine Vorstellung, wie ich ausschaue.«

Sein Doktor bewahrt am Telefon die Ruhe. »Packen Sie sich sämtliche Hautlappen über den Kopf, binden Sie eine Schnur drumherum und setzen Sie sich eine Skimütze auf. Keinem Menschen wird was auffallen!«

In der Tat fällt keinem Menschen etwas auf, als Erwin kurz darauf die Klinik erreicht.

»Dr. Kekkonen wird sich gleich um Sie kümmern«, lächelt ihm das Mädchen in der Aufnahme zu. »Aber sagen Sie mal, was haben Sie da für ein Loch in der Stirn.«

»Ach, das ist nur mein Bauchnabel«, zuckt Erwin die Achseln. Seine Miene unter der Skimütze erhellt sich. »Verraten Sie mir lieber, mein Fräulein, wie Sie meinen Schlips finden …«

Neues vom Flaschenteufel:

Auf dem Meeresgrund findet Ingo, der Sporttaucher, eine geheimnisvolle Flasche. Zurück an Land, öffnet er sie, und, zisch! kommt ein Flaschenteufel heraus: Bud Spencer höchstpersönlich.

»Stehe zu Diensten, mein Herr und Gebieter«, verbeugt sich Bud Spencer untertänig. »Welchen Wunsch darf ich Ihnen erfüllen?«

Da braucht Ingo nicht lange zu überlegen.

»Ich möchte einen Schwanz, der bis zur Erde hängt.«

»So sei es«, sprach Bud Spencer und zauberte Ingo beide Beinc weg!

Was braucht der Mann, der alles hat?
Penicillin.

Kann ein Mann tatsächlich mehrere Frauen lieben?

Auch wenn es immer wieder behauptet wird — nein, nur nacheinander.

Graffiti: »Ich bin 42 Zentimeter groß und vollschlank wie Arnold Schwarzeneggers Oberarm. Interessiert, Lady? Telefon ...«

Handschriftliche Antwort: »Faszinierend! Wie lang ist dein Schwanz, mein Junge?«

Was machen die Elefanten, wenn sie unter Wasser vögeln?
Ganz lange Rüssel.
(Mensch, um Luft zu kriegen!)

Worauf schwört der junge Ökologe, der ein Jahr unter Eskimos im ewigen Eis verbrachte?
Auf Huskys.

Wann denken geschiedene Ehemänner an ihre Ex-Frauen?
Zum Beispiel — wenn sie sich an einem kalten Büfett bedienen.

Warum flog das Kondom durchs Schlafzimmer?
Weil es sich verpißte!

Es geschah in Paris:
Alain, nachdem er wieder einmal im Bett ausgelacht worden war, beschloß, ein für allemal mit seinem kleinen Malheur Schluß zu machen.
»Können Sie mein Glied vergrößern?« zog er einen Spezialisten zu Rate.
»In Ihrem besonders bedauernswerten Zustand echt ein Problem«, zögerte der Schönheitschirurg nach der Untersuchung. »Da gäbe es nur eins — die Transplantation eines Elefantenbabyrüssels ...«
»Wie lang etwa?«
»Na ja, einen Meter. Mindestens.«
Alain ist Feuer und Flamme. Noch am selben Tag wird ihm der Rüssel eines Elefantenbabys verpflanzt — und bereits nach drei Wochen darf Alain die Bandagen abbinden, schwingt sich unternehmungslustig in seinen teuersten Yves-St. Laurent-Anzug und geht auf den Champs Elysees auf Weiberfang.

Eine fabulöse Mademoiselle lernt er kennen, lädt sie zum Diner ein.

Der Ober serviert nach den Aperitifs das Hors d'œuvre — dazu ein frischgebackenes Baguette.

Ehe Alain die gefährliche Situation überschauen kann, ist es bereits geschehen:

Blitzschnell schießt der freche Rüssel durch seinen Hosenschlitz, huscht über den Tisch, schnappt sich das Stangenbrot, und schon ist der räuberische Rüssel wieder in der Hose verschwunden.

»Mon Dieu!« entfährt es Mademoiselle hingerissen. »Können Sie das noch einmal, Monsieur?«

Vom Nachbartisch holt sie ein zweites Baguette, legt es erwartungsvoll in den Korb.

»Klar könnte ich das noch einmal«, zögert Alain etwas gequält. »Aber noch ein Baguette, Mademoiselle, halte ich im Arsch nicht aus!«

Wie viele Männer sind nötig, um eine normale Drei-Zimmer-Wohnung sauberzumachen?

Nicht ein einziger. Ist ja wohl Frauensache, oder?

Opas Oma schluckte aus Versehen ihre Dritten runter. Nach einer Weile wurde es ihr doch zu bunt, und sie ging zum Arzt.

»Das Gebiß kommt wieder, nur Geduld«, tröstete er sie.

»Ja, aber ...«

»Was aber?«

Oma ist das richtig unangenehm, darüber zu sprechen. »Ich kann warten, Doktor. Doch meine Geduld hat auch ein Ende. Jedesmal, wenn ich mir den Po abwische, beißt mir irgendemand in die Hand.«

Ein Sohn hat für sämtliche Schulden seines Vaters aufzukommen. Warum ist diese Pflicht so unumstritten wie ein Naturgesetz?

Immerhin ging sein Vater für ihn ins Loch, darum!

Wie werden die Brüste junger Eskimomädchen genannt?

Eis-Shaker.

Auch das gibt's, jawohl, meine Damen!

Ein Mann möchte seine Frau nur lieben, wenn sie ehrlich danach verlangt. Er möchte sie nicht benutzen, nie und nimmer drängen, wonach ihr nicht der Sinn steht. Und er möchte niemals im Bett Anlaß zu Mißverständnissen geben.

Und so heiratet dieser nette, junge Mann eine — Jungfrau.

In der Hochzeitsnacht schaut er ihr tief in die Augen.

»Hör mich an, Liebling. Ich sage dir jetzt, wie wir beide unendlich glücklich miteinander werden.«

»Ja ...«, hauchte sie.

Weich bettete er seinen Steifen in ihre warme Hand und fuhr beschwörend fort:

»Wenn du dich nach Liebe sehnst, rubbelst du einmal meinen Schwanz. Wenn du mal wenig oder gar keine Lust hast, dann rubbel ihn einfach hundertmal, einverstanden?»

Die blonde Nymphomanin fiel doch glatt auf einen Bodybuilder rein, an dem alles groß, großartig und muskulös war außer dem kleinen Unterschied.

Sie versetzte ihm einen verächtlichen Klaps.

»Wem zum Teufel glaubst du, damit Vergnügen bereiten zu können?« schrie sie wütend auf.

»Mir«, antwortete der Bodybuilder lächelnd.

Ein Mechaniker kommt etwas früher von der Arbeit nach Hause, überrascht seine Frau mit einem anderen im Bett. Kurzerhand zerrt er den Nackten in seine Garage, steckt seinen Pimmel in den Schraubstock und dreht fest zu.

»Hilfe«, schreit der Arme. »Du willst ihn mir doch wohl nicht abschneiden!«

»Ich nicht«, grient der Mechaniker und reicht dem im Schraubstock Festsitzenden ein langes Messer. »Aber du ...«

»Ich?«

»Weißt du, ich für meinen Teil zünde jetzt nur die Garage an und laß das Tor auf.«

Die Yacht eines Millionärs ist im Mittelmeer versunken, eines der Partymädchen, blond, schlank, vollbusig, wird in der Nähe von St. Tropez an den Strand gespült. — Ein Gendarm auf Streife entdeckt die Tote im Bikini, der nicht mehr zu helfen ist. Er verschwindet, um Alarm zu schlagen. Kurz danach kehrt er zum Strand zurück, reibt sich entgeistert die Augen.

Ein Kollege von ihm liegt auf der Ertrunkenen und besorgt es ihr voll glühender Leidenschaft! »Pierre, bist du verrückt?« brüllt der Gendarm im Heranlaufen. »Dieses Mädchen ist tot.«

»Tot?« Entsetzt läßt sich Pierre abrollen. »Heiliger Bimbam ... und ich dachte, es wäre eine deutsche Touristin ...«

Der Pornoregisseur nach den Probeaufnahmen zum Starlet:

»Deine Stimme, Baby, geht okay, aber deine Körpersprache werden wir wohl synchronisieren müssen.«

Harald will sich ein Paar neue Halbschuhe kaufen. Im Schuhgeschäft ist er leider gezwungen, der vor ihm niederknienden Verkäuferin seinen kleinen Schönheitsfehler zu offenbaren.

»Oh«, macht sie, als ihm die Schuhe auszieht.

Ja, der Harald hat fürchterliche Schweißfüße. Die kann er waschen, pudern, eincremen, wie er will. Und deshalb zieht er es vor, das vor Entsetzen verkrampfte Gesicht der Schuhverkäuferin besser zu ignorieren.

Die Luft anhaltend, präsentiert ihm das Mädchen diverse Modelle, für die er sich jedoch nicht begeistern kann. Er würde die Angelegenheit ja gern rasch hinter sich bringen, aber soll er wegen seiner Käsequanten das erstbeste Paar Schuhe akzeptieren, nur damit schnell Schluß mit der Geruchsbelästigung ist? Schließlich wird das junge Ding zu seinen Füßen dafür bezahlt, auch mal so etwas hinnehmen zu müssen …

»Entschuldigen Sie mich einen Moment«, bittet die Verkäuferin, verschwindet im Büro. Mit strahlender Miene kehrt sie zu Harald zurück.

»Ich habe eben mit meiner Chefin gesprochen. Wenn das kein Angebot ist, mein Herr. Das nächste Paar Schuhe, das ich Ihnen vorführe, darf ich Ihnen kostenlos überreichen, also geschenkt!«

»Wie?« traut Harald seinen Ohren nicht. »Warum?«

»Nun«, schluckt sie schwer. »Wegen des sehr persönlichen starken Aromas Ihrer Füße.«

Harald fällt schlagartig eine schwere Last von den Schultern. Seit der Kindheit hat er unter seinen Pestfüßen gelitten. Endlich mal was Positives. Tja, denkt er entzückt, dann lohnt es sich ja fast, solche zwei Luftverpester zu besitzen.

Glückstrahlend entscheidet er sich für die Halbschuhe made in Italy.

Hastig packt die Verkäuferin sein Geschenk ein, weicht

ehrfurchtsvoll zurück, als Harald sich dem Ausgang zuwendet. In der Tür fällt ihm gerade noch etwas ein.

Harald winkelt die Beine, läßt einen grauenvollen Höllenfurz erschallen.

Das Mädchen zuckt zusammen.

Harald, heiter und gelöst: »Könnte ich dafür, verehrtes Fräulein, vielleicht noch ein Paar Turnschuhe bekommen?«

Beim Liebesakt mit Lilo macht Eduard eine kuriose Entdeckung:

Im Bett, bei jedem einzelnen Stoß, fliegen ihre Zehen so komisch hoch. Dagegen unter der Dusche tut sich nichts mit Lilos Zehen.

Kurz vor dem erschöpften Einschlafen muß Eduard das Rätsel lösen.

»Warum, mein Schatz, zucken beim Ficken im Bett immer deine Zehen so flattrig hoch? Und weswegen nicht unter der Dusche?«

»Dummkopf«, lacht sie auf. »Unter der Dusche habe ich natürlich meine Strumpfhose ausgezogen, oder meinst du, ich will, daß sie naß wird?«

Ein Neuschwabinger Schickificki-Starlet gibt im ›Café Extrablatt‹ mächtig an:

»Ich habe heute mit Sylvester Stallone eine Bums-Szene gedreht.«

»Mit Sylves ...?«

»Ja. Als das Ding im Kasten war, hat er zu mir gesagt, wenn du eine Schauspielerin bist, dann bin ich Sylvester Stallone ...«

Was verbirgt sich hinter dem Ehe-Kürzel LIBIDAKO?
Lieben bis ›Dallas‹ kommt.

Der böse Anruf bei ›Gottschalk‹ am RTL-plus-Mittwoch: Hey, Thommy, erfüllt deine Live-Band auch Zuschauerwünsche?«

»Aber klar doch«, antwortet Thomas Gottschalk.

»Na prima. Dann soll sie Pingpong spielen.«

Zwei Penner im S-Bahnhof Trudering:
»Hast du schon gefrühstückt?«
»Nö, keinen Tropfen.«

»Vata, wie schreibt man Saxophon?«

»Det weeß Mutta.«

»Mutta, wie schreibt man Saxophon?«

»Wie vielet im Leben, meene Kleene, schreibt man det nich. Det bläst ma!«

Hinter den Kulissen des ländlichen Nightclubs bei Rosenheim:

»Es wird Zeit, daß die Bauern verschwinden«, flüstert der Barbesitzer der alten Toilettenfrau zu, »also gehen Sie schon auf die Bühne und machen Sie jetzt endlich Ihren Striptease.«

Drei Sportskameraden joggen an einer Weide vorbei, wo sich ein weichlockiges Schäfchen im Zaun verfangen hat.

Der erste: »Ich wollte, es wäre Kim Basinger.«

Der zweite: »Kim Wilde wäre auch nicht übel.«

Der dritte: »Mir tät's vollauf reichen, wenn's dunkel wär'.«

Wie bringt man eine Muschi zum Sprechen?

Leih ihr deine Zunge, und du wirst staunen, wie sie immer das letzte Wort hat ...!

»Quäl mich«, fleht der Masochist.
»Nein«, sagt die Sadistin.
»Oh, danke«, freut sich der Masochist.

Was ist ein Bums-Bums-Becker-Kuß?
Lässig zwei Bälle vergeben, aber dann aus dem Stand heraus zum Advantage Schlecker ...

Immer wieder ruft der junge Mann den Ober und spendiert dem blonden Wuschelkopf an der Bar einen Drink.
»Pssst«, wird nach dem vierten Mal der Kellner vertraulich, »sparen Sie sich das – die Dame ist Lesbierin.«
»Danke für den Tip«, strahlt der Gast, erhebt sich und ruft durchs ganze Lokal: »Und aus welcher Gegend Lesbiens kommen Sie, wenn ich fragen darf?«

Wie heißt die Frau vom Eskimo?
Eskimöse.

»Auf diese Kondome«, erklärt der Apotheker dem Kunden, »geben wir ein Jahr Garantie.«
»Und wenn sie platzen?«
»Tja«, bedauert der Apotheker, »dann läuft die Garantie aus.«

Der Regisseur zu seiner Entdeckung: »Dein Film wird garantiert ein Erfolg, und du bekommst einen Oscar.«
»Und wenn's ein Mädchen wird?«

Woran erkennt man eine hoffnungslos prüde Frau?
Daran, daß sie bei jedem neuen Telefonbuch der Bundespost erst mal die Seite 69 herausreißt und verbrennt.

Das Lehrmädchen: »Mein Rendezvous gestern war ein einziges Fiasko. Gerade wollte ich aufgeben, da hat er aufgegeben.«

Haben Sie schon von Irma la Dussel gehört?
Über zwanzig Jahre lang rackerte sie sich im Eros Center ab, bis sie durch einen Zufall Wind davon bekam, daß ihre Kolleginnen Geld dafür nehmen ...

Die zehnjährige Tochter ruft ihren Papa ans Fenster, gestikuliert aufgebracht mit den Händen zur Straße hinunter, auf der zwei Hunde kräftig am Gange sind.
»Was machen die da?«
Der Vater überlegt kurz, »Ach, der auf dem Rücken des anderen, der wird sich die Pfote verletzt haben, und der unter ihm ist ihm behiflich, zum Arzt zu gehen, weißt du?«
Da fällt bei der Kleinen der Groschen:
»Ja, genauso ist es unter den Menschen. Kaum bist du mal ein bißchen nett und hilfsbereit, schon wirst du hundsgemein durchgevögelt.«

Die Schwiegermutter wundert sich: »Ich denke, du kannst in die Zukunft sehen? Wie kann dich mein Besuch überraschen?«
Der Schwiegersohn: »Ich bin Hell-, nicht Schwarzseher.«

Eine Frau will es endlich wissen. »Wo setze ich am besten mein Pessar ein — im Bad oder im Schlafzimmer?« fragt sie Deutschlands Nah- und Fernaufklärerin Erika Berger.

Der gute Rat: »Versuchen Sie's mal zwischen den Beinen.«

Sonntag früh. Kurz nach sieben. Beim Tierarzt klingelt das Telefon.

Eine ältere Dame am Apparat: »Mein Rüde kommt von der Nachbarshündin nicht mehr runter. Was tue ich bloß?«

»Versuchen Sie es mit einem Besenstiel.«

Minuten später: »Der Besenstiel hat nichts genützt, Doktor.«

»Dann nehmen Sie einen Eimer Wasser.«

Gleich darauf: »Ohne Erfolg.«

»Passen Sie auf, gnädige Frau. Rufen Sie einfach Ihrem Hund zu, es sei jemand für ihn am Telefon.«

»Und Sie meinen, das hilft?«

Ein tiefes Seufzen. »Ich schwör's Ihnen. Bei mir haben Sie es schließlich auch schon dreimal geschafft.«

It's Trucker Time ...

Rückwärts gerät der Brummi mit Anhänger in die Verkehrskontrolle. Der Trucker klärt die Polizisten auf: »Ich muß in ein verlassenes Bergdorf liefern, und mein Boß sagt, daß ich dort nicht wenden kann.«

Er darf weiter.

Ein paar Stunden später taucht der Brummi mit Anhänger wieder auf. Unverändert verkehrt herum.

»Was ist jetzt schon wieder?« knurrt der leitende Beamte.

»Mein Chef spinnt. Natürlich konnte ich dort wenden.«

Wie hat ein Kavalier eine schöne Frau durch eine Drehtür zu führen? Läßt er ihr den Vortritt, oder geht er voran?

Auch darauf weiß Erika Berger Rat und Tat:

»Lassen Sie ihr den Vortritt, aber springen sie sofort hinterher, damit sie mit ihr zusammen in die Enge gequetscht werden. Drehen Sie ruhig einige Runden — gibt es einen schöneren, noch turbulenteren Ort, um sich hautnah näherzukommen?«

Die ›Red Skins‹ sind im Trainingslager in Florida. Zwei befreundete Footballspieler nutzen den ersten freien Tag für eine Kahnpartie durch die Everglades.

Plötzlich taucht in der Brühe ein Krokodil auf, reißt hungrig die Schnauze auf. Joe, der größere von beiden, bekommt es nicht mit der Angst zu tun. Frech läßt er vor dem Ungeheuer die Shorts runter, greift seinen Steifen und peitscht ihn in das Maul des Krokodils. An diesem Brocken hat das Tier schwer zu schlucken. Just in dem Augenblick, als die Zähne zuklappen, bringt Joe seinen Peitschenpimmel wieder in Sicherheit.

»Ist ja nicht die Möglichkeit!« staunt sein Kumpel.

»Was ist dabei«, grinst Joe. »Warum willst du es nicht mal versuchen?«

»Gern«, meint sein Freund. »Aber ich fürchte, ich kriege meinen Mund wohl kaum so weit auf wie dieses Monster.«

Clemens, von seinen warmen Freunden Clementine genannt, steht eines Abends der Sinn nach Abwechslung. Er geht zum Fleischer, sucht sich eine Salami in der ersehnten Größe aus und läßt sich die Wurst vom Metzger einpacken, damit nicht gleich jeder auf der Straße sieht, was er vorhat. Zu Hause wickelt er sein Schmankerl aus: Die Salami ist in Scheiben geschnitten!

»Du dummer, dummer Fleischmann«, zürnt Clemens. »Glaubt der Kerl, mein Arschloch ist ein einarmiger Bandit oder was?«

Seit Monaten schippert der heruntergekommene Frachter auf dem Meer, als sich Smutje vertrauensvoll an den Kapitän wendet.

»Hier an Bord geht was vor, Captain«, meldet er.

»Beweise — oder Klappe halten«, wird er angebellt.

Einige Tage später versucht es Smutje erneut. »Das ist nicht mehr normal, was hier an Bord läuft — pervers ist das.«

»Beweise, Matrose?«

Schon steht Smutje wieder draußen. Doch am dritten Tag will er sich nicht noch einmal vom Captain rauswerfen lassen.

»Dann raus mit der Sprache, Matrose — was für einen Beweis hast du in der Hand?«

»Gerade eben hatte ich ihn in der Hand«, erstattet Smutje Bericht. »Nämlich den Schwanz vom Steuermann Jan Kahl. Und wissen Sie was, Captain? Bereits zum dritten Mal hintereinander hatte der so einen eigentümlichen, etwas penetranten Geschmack nach ... nach Scheiße, Sir!«

Beim Kaffeeklatsch rückt Erna Schulze-Erpel mit der Nachricht heraus. »Jetzt hat es mein Mann sogar geschafft, dreihundertprozentig impotent zu werden.«

Ihre Freundinnen kapieren nicht.

Erna Schulze-Erpel erklärt: »Normal konnte er schon seit unserem zweiten Kind nicht mehr. Na ja. Aber gestern ist er die Kellertreppe runtergefallen — hat sich beide Hände gebrochen und auf die Zunge gebissen.«

Der Tilo ist 22 und hat das Gefühl, schwul zu sein. Er wendet sich an seinen Psychiater, um endlich Gewißheit zu bekommen.

»Wie kommen Sie darauf, nicht normal veranlagt zu sein?« möchte der Arzt wissen.

»Na ja, mein Opa war schwul«, beginnt Tilo verlegen.

Der Psychiater unterbricht ihn sofort. Homosexualität sei kaum erblich bedingt.

»Mein Vater ist aber auch schwul.«

»Das ist allerdings ungewöhnlich — macht Sie jedoch nicht automatisch auch schwul.«

»Tja, meine drei älteren Brüder sind's ... wie Opa und wie Vati«, wird Tilo eine Spur energischer.

»Die sind auch schwul?« reißt es den Doktor aus dem Sessel. »Gibt's denn in Ihrer Familie überhaupt keinen einzigen Normalen, ich meine, der mit Frauen schläft?«

»Doch natürlich«, erwidert Tilo. »Meine Schwester.«

Die Aushilfslehrerin stellt sich der Klasse vor. »Mein Name ist Schreide, jawohl, Leute — wie Scheide, nur mit ›r‹ ...«

Am nächsten Tag möchte sie sich vergewissern, ob die Klasse noch ihren Namen weiß.

Wolf-Dieter meldet sich: »Sie heißen Frotze — wie Fotze nur mit ›r‹ ...«

Der letzte Schrei aus dem Gen-Labor:

Deutschen Wissenschaftlern ist es gelungen, holländische Salatgurken mit Knallerbsen zu kreuzen. Bereits Ende 1991 geht der erste rein organische Vibrator für gesundheits- und umweltbewußte Ladys in die Serienproduktion.

(Weitersagen!)

VII

»Mammi, ich mag aber heute
keine Lasagne ...« –
»Still, oder ich zieh'
dir gleich
noch eine Schicht ab!«

Tom Hicks reitet wieder:

In der alten Goldgräberstadt am Red River stiefelt er in den Saloon, um sich die staubige Kehle auszuspülen.

»Was soll das abgeben?« fragt Tom Hicks den wieseligen Barkeeper, deutet mit dem Daumen hinter sich zum Tanzsaal hin, in dem ein Pferd steht — vor einem ausgebufften Eimer.

»Schmeiß eine Dollarnote in den Eimer, Stranger. Und das ganze Geld und Gold gehört dir, wenn du den Gaul zum Lachen bringst«, säuselt der Mann hinter dem Tresen, ohne aufzuschauen.

Tom Hicks trinkt sein Glas aus, schlendert nach nebenan, flüstert dem Pferd ein paar Takte in die Lauscher.

Japsendes Luftholen, dann ein Wiehern, daß der Saloon in den Grundfesten wackelt!

Das Wiehern hört gar nicht mehr auf. Tom Hicks klemmt sich den schweren Eimer unter den Arm, löhnt den sprachlosen Barkeeper und verschwindet. Noch hinter den Bergen klingt dem Davongaloppierenden das viehische Gelächter wie pures Gold in den Ohren …

Drei Jahre gehen ins Land, bis es Tom Hicks wieder in die Goldgräberstadt am Red River verschlägt. Er hat Durst, gerade noch einen Dollar, zwängt sich erwartungsvoll durch die Schwingtüren in den Saloon.

»Hä«, näselt der wieselige Barkeeper. »Diesmal wird es nicht klappen, Stranger.«

Tom Hicks sieht das Pferd, den Eimer. »Warum?«

»Bring den Klepper zum Heulen, dann gewinnst du alles. Oder meinst du, wir lassen uns alle paar Jahre von einem Witzbold wie dir ausnehmen?«

Ungerührt stakst Tom Hicks in den Tanzsaal. Gleich darauf ertönt ein jämmerliches Schluchzen, Heulen, Flennen.

Tom Hicks kommt mit dem vollen Eimer heraus, ordert eine Flasche, nimmt einen tiefen Zug.

»Damned«, zischelt der Wieselige. »Okay, du hast gewonnen. Verrate mir wenigstens, wie du's vor drei Jahren geschafft hast und wie heute.«

»Gibt's nicht viel zu verraten«, knurrt Tom Hicks. »Beim ersten Mal sagte ich zu dem Hengst, Junge, ich hab' einen viel längeren Schwanz als du — well, und eben habe ich ihm meinen Prügel gezeigt ...«

Es passierte mitten beim Saubermachen ...

Gudrun polierte die Apparaturen im Bad auf Hochglanz, rubbelte an den Wasserhähnen herum, als sie plötzlich unheimlich spitz wurde.

Aufgewühlt rannte sie zu ihrem Gerd im Wohnzimmer, aber der war mit den Steuerunterlagen beschäftigt, blickte erst gar nicht vom Schreibtisch auf.

In einem wahren leidenschaftlichen Anfall riß sich Gudrun die Schürze, den Haushaltskittel, dann das Kleid vom Leib, schlüpfte aus Slip und BH, fiel hinter Gerds Rücken auf den Teppich und legte Hand an sich.

Oh, wie sie schnaufte, prustete, röchelte!

»Liebling«, horchte ihr Mann nach einer Weile auf, ohne den Blick zu wenden, »wenn du mit dem Staubsaugen fertig bist, könntest du dann das Essen machen?«

»Wenn mein Mann seinen Orgasmus kriegt, brüllt er wie am Spieß«, beklagt sich die Karin beim Eheberater.

»Was ist daran so schlimm?«

»Im Grunde genommen — nichts«, willigt Karin ein, »wenn er mich mit seinem Brüllen nicht aufwecken würde ...«

Im Zug lernen sich zwei Männer kennen. Nach und nach kommen sie auf ihre Ehefrauen zu sprechen, und komisch — jeder von den beiden ist der Meinung, mit dem häßlichsten Weib der Welt verheiratet zu sein.

Sie überbieten sich gegenseitig mit Schauergeschichten. Als sie gemeinsam den Zug verlassen, macht der eine einen fairen Vorschlag:

»Du kommst mit mir nach Hause, schaust dir mein Ekel an. Falls deins noch schlimmer sein sollte, na gut, dann begleite ich dich und check' deine Alte.«

Gesagt, getan. Nach dem Drink daheim bleibt der Besucher dabei: »Gegen meine ist deine fast 'ne Titelbildschönheit.«

Kurz danach erreichen sie das Haus des anderen, treten durch eine geheime Klapptür ein, und der Herr des Hauses ruft die Treppe hoch: »Hallo, Liebling, ich bin wieder zurück. Wo ist denn mein Täubchen?«

Eine kratzige Frauenstimme von oben. »Möchtest du, daß ich mir den Kartoffelsack über den Kopf ziehe?«

»Nicht doch«, ruft er zurück. »Ich will dich nicht fikken, sondern einem guten Freund vorstellen.«

Warum ist Sex wie ein Kredit von der Bank?

Weil immer die Leute, die ihn am nötigsten haben, leer ausgehen!

Zwischen welchen Zehen möchten Mädchen und Frauen beim ersten Rendezvous am liebsten gekitzelt werden?

Zwischen den großen.

Woran erkennt man in der City, daß eine Stricherin ein echter Sozialfall ist?

Wenn ihr die Tauben von den Dächern Brotkrumen zuwerfen.

Eine schöne, aber sehr auf Distanz bedachte Frau zog in die kleine Stadt im Weserbergland. Alle Männer rissen sich um sie und ernteten nur Körbe.

Schnell machten die verruchtesten Gerüchte die Runde.

War sie womöglich ein Zwitter — ein Transvestit gar? Ein Fall für Peter Muffling!

Nicht lange, und Peter Muffling trat in Aktion. Am Wochenende hatte er sein erstes Rendezvous mit der geheimnisumwitterten Neuen, fuhr mit ihr ins Autokino, aber nicht die geringste Chance, mal mit der frechen Hand konkretes Beweismaterial sicherzustellen.

Doch auf der Heimfahrt plötzlich ...

»Könnten Sie kurz anhalten, Herr Muffling«, bat sie ihn. »Ich muß nur mal Pipi.«

Husch, war sie in den Büschen verschwunden. Peter Muffling hinterher. Im Mondschein sah er die Bescherung — direkt zwischen ihren Beinen in der Hocke baumelte was Großes, was Langes.

»So«, platzte er heraus und griff von hinten nach dem Beweis.

»Hey, warum haben Sie mir nicht gesagt, was Sie für ein elender Spanner sind?« herrschte sie ihn im Herumfliegen an.

Entsetzt starrte er auf seine Hand.

»Und warum haben Sie mir nicht gesagt, daß Sie scheißen, würden, he?«

Ein Bauernbursche in der Beichte.

»Ich habe schwer gesündigt — es mit den Tieren auf unserem Hof getrieben.«

»Hhmmm«, stöhnt der Priester. »Mit den weiblichen oder mit den männlichen Tieren, mein Sohn?«

»Was für, eine Frage?« braust da der Bauernbursche auf. »Ich bin doch nicht schwul!«

Der sechsjährige Kai kommt mit einer geballten Faust in die Küche gerannt.

»Mammi, gibt es männliche Heuschrecken?«

»Ja, Kai. Warum fragst du?«

»Und — gibt es auch weibliche Heuschrecken?« Seine Mutter überlegt rasch. Über solche Dinge hat sie mit ihrem Kleinen noch nie gesprochen. Sie beschließt, das Thema nicht unnötig ausufern zu lassen.

»Nein, mein Junge«, kommt sie auf seine Frage zurück, »es gibt nur männliche Heuschrecken.«

»Dachte ich mir doch«, schimpft Kai und klatscht in die Hände. »Diese schwulen Drecksäue ... Sollen sie doch in der Hölle weiterficken!«

Was ist das Beste, was aus einem Penis rauskommt, sobald er steifer und steifer wird?

Die Falten.

Was ist ein platonisches Verhältnis?
Er will, sie nicht.

Was sollte ein Mann zuallererst abklären, bevor er sich eine Frau nimmt?

Wessen Frau er sich da nimmt.

Was ist der Unterschied zwischen einer Nähmaschine und einem Mädchen im hautengen T-Shirt?

Die Nähmaschine hat nur eine Spule!

Was sagte Adam, als er aufwachte und eine Rippe weniger hatte?

»Ist heute Freitag? Riecht so nach Fisch hier ...«

Woran kann man leicht ersehen, daß ein berittener Polizist, zum Beispiel in einer Demo, geistig etwas weggetreten sein muß?

Wenn er auf seiner Trillerpfeife reitet und dabei sein Pferd bläst.

Und woran erkennt der eingeweihte Country & Western-Fan auf den ersten Blick, daß Dolly Parton ohne BH auf die Bühne kommt?

Wenn ihr Gesicht so ganz ohne Falten ist.

Übrigens Dolly Parton — warum will ihr Mann keine Kinder?

Was soll er mit einer Horde Babys anfangen, wo er auch jetzt schon alle Hände voll zu tun hat?

Was ist der Unterschied zwischen einem Schwein und einem Rockmusiker?

Kein Schwein schlägt sich die Nächte um die Ohren, um Rockmusiker zu vögeln. Grunz.

Er danach: »Warum hast du eigentlich deinen Mann mit mir betrogen?«

Sie danach: »Das frage ich mich jetzt allerdings auch.«

Kerstin kehrt aus dem FKK-Urlaub zurück. Kurz darauf steht fest: Sie ist schwanger.

»Von wem hast du das Kind?« stellt ihr Vater sie zur Rede.

»Ich vermute von diesem Herrn Moser ...«

»Was soll das heißen?«

»Ganz sicher bin ich mir nicht, Papa. Aber da war ein Herr Moser aus München, der ist beim Bockspringen am Strand nie rübergekommen.«

Der urweibliche Seufzer auf dem Beifahrersitz:
»Oh, ich weiß einen fantastischen Waldweg, wo du eine traumhafte Panne haben könntest ...«

Die Stimme aus der Macho-Hose:
»Autsch!« ...
... schrie die Vorhaut den Reißverschluß an.

Es sagte die Kuh bei der künstlichen Besamung: »Nicht mal 'n Küßchen ist heutzutage drin ...«

Zwei Männer prügeln sich auf der Straße. Ein weinender Junge schaut ihnen zu. Ein Polizist taucht auf: »Wer von den beiden ist dein Vater?«
»Darum schlagen sie sich ja gerade.«

Autor: »Haben Sie mein Buch gelesen?«
Lektor: »Wie war noch mal der Titel?«
Autor: »Na, ›Wie werde ich hundert Jahre alt?‹«
Lektor: »Das mußte ich verbrennen.«
Autor: »Warum?«
Lektor: »Die Schwiegermutter unseres Verlegers wollte es unbedingt lesen.«

Übern Nachbarszaun:
»Schnell, Herr Müller, mein tibetanischer Kampfhund ist mit Ihrer Schwiegermutter aneinandergeraten!«
»Keine Bange, Herr Nachbar, Ihr Hund wird sich schon zu wehren wissen.«

Die hochschwangere Kundin in der Bäckerei: »Ich bekomme ein Weißbrot!«
»Da wird aber Ihr Gatte staunen.«

»Wissen Sie eigentlich, was ein Vakuum ist?« wird der 70jährige Talkmaster des öffentlich-rechtlichen Fernsehens von einem Gast gefragt.

»Ich habe es zwar im Kopf«, antwortet er. »Aber im Moment will es mir partout nicht einfallen.«

»Pappi, Pappi, was ist der Unterschied zwischen Mann und Frau?«

»Ich hab' Schuhgröße vierundvierzig, Mammi nur achtunddreißig. Verstehst du, Junge, der Unterschied liegt zwischen den Schuhen.«

»Nun reg dich schon ab«, versucht die Kollegin ihre Freundin zu trösten. »Du hast doch selbst die Verlobung mit dem Arzt gelöst.«

»Ja, aber dieser Schuft hat mir 'ne Rechnung für hundert Hausbesuche geschickt!«

Sie: »Jahrelang mußte ich meinem Mann jeden Freitag den Rücken waschen.«
Anwalt: »Aber das ist kein Scheidungsgrund.«
Sie: »Mag ja sein, aber vergangenen Freitag war sein Rücken schon sauber.«

Ein sauberes Ultimatum:

»Sie dürfen mir gern an die Wäsche gehen, Herr Dochtig, aber nur, wenn Sie der Weiße Riese sind.«

»Meine Alte hat sich zu Weihnachten was Passendes zu ihrem Pelzmantel gewünscht.«

»Was willst du ihr schenken?«

»Mottenkugeln.«

Es stand in der Zeitung: »Männer mit großen Füßen haben riesige Pimmel.«

Nach diesem Artikel sieht Rita die Welt mit anderen Augen.

Gleich in der Frühe klingelt der Stromabzähler. Er scheidet mit seinen winzigen Tretern von vornherein aus. Der Mann vom Getränke-Service – Mittelklasse wie immer. Der Kaminkehrer ... so lala.

Endlich kommt die Post. Ein Einschreiben.

Ritas Herz schlägt höher. Himmel noch mal, Stiefel wie Geigenkästen!

Augenzwinkernd lädt sie den jungen Briefträger auf ein Gläschen ein, im Handumdrehen kriegt sie ihn ins Schlafzimmer. Nackt posiert Rita auf dem Laken, während er sich hastig abmüht, aus der Uniform herauszuschlüpfen. Sein Kragenknopf geht nicht auf.

Flucht er keuchend: »Immer derselbe Ärger mit den verdammten Postuniformen – die Hemden sind zu eng und die Schuhe viel zu groß.«

»Jedesmal, wenn ich zu spät zu Hause auftauche, wird meine Alte historisch.«

»Hysterisch.«

»Nein, historisch – sie wärmt nur uralte Geschichten auf.«

Was kriegen Jungs, die lügen?
Mädchen.

Was rief das Starlet laut durchs dunkle Filmstudio?

»Ich bin ja nicht neugierig, aber interessieren tät's mich schon, wer mich eben vernascht hat!«

Der Chefarzt zu seiner Krankenschwester: »So, Sie haben sich also mit meinem Sohn verlobt. Meinen Sie nicht, es wäre vernünftiger gewesen, vorher mich zu fragen?«

»Ich finde Sie ja echt toll, Doktor, aber ich ... Ich glaube doch, daß Ihr Sohn besser zu mir paßt.«

Zwei gute Freunde auf der Party:

»Schau mal, da vorne steht meine Frau und daneben meine heimliche Geliebte.«

»Bei mir ist es genau umgekehrt.«

Ein smarter Yuppie rast in das In-Lokal, kippt einen doppelten Bourbon, schmeißt einen Fünfziger auf den Tresen und rast raus.

Knurrt die Barfrau: »Scheiß-Yuppie! Gibt fünfzig Mark Trinkgeld, aber kann nicht seinen Drink bezahlen!«

Die Nymphomanin: »Kein Flutlichtspiel laß ich im Fußballstadion aus.«

»Das gibt dir was?«

»Uuuuuh, diese Vorstellung — zwanzigtausend Männer, und plötzlich geht das Licht aus ...«

Nach der Hochzeitsnacht bringt sie ihm eine Mohrrübe ans Bett.

»Was soll'n das?« reibt er sich die Augen.

»Nun — vielleicht ißt du auch wie ein Karnickel.«

Sie: »Schnell in den Schrank, mein Mann kommt!«
Er: »Endlich! Hat er mein Telegramm doch erhalten ...«

»Opa hatte ganz recht, als er sagte, ich solle ja nicht ins Puff gehen, weil es dort Dinge gäbe, die ich besser nicht sehen sollte.«

»Und was hast du gesehen?«

»Opa …«

Das Traumschiff in Flammen. Explosionsgefahr. Ein Mann stürzt auf die Rettungsboote zu.

»Zurück!« brüllt der Kapitän. »Erst kommen die Frauen dran.«

Der Mann kann's nicht fassen. »Ja aber haben wir dafür noch Zeit, Captain?«

Ein GI aus Chicago in der Karibik, umgeben von Palmen, Sonne, Meer und schönen Mädchen.

»Schick mir bitte ein Akkordeon«, schreibt er seiner jungen Frau nach Hause. »Ich will es spielen lernen, damit ich nicht auf dumme Gedanken komme.«

Sie schickt es ihm. Monate später hat er Heimaturlaub, fällt ihr um den Hals und keucht: »Laß uns sofort …«

»Nein«, stoppt sie ihn. »Erst möchte ich hören, wie du Akkordeon spielen kannst.«

Der Sohn stellt seine Verlobte vor, auf den ersten Blick schwanger und unfaßbar häßlich.

»Warum«, knirscht sein Vater mit den Zähnen, »hast du keine Kondome benutzt, mein Junge? Oder wenigstens eine Brille!«

»Woher haben Sie bloß die entzückenden Silberpokale?«

»Mein Sohn ist Herrenreiter.«

»Komisch, meiner ist auch schwul, aber Pokale hat er keinen einzigen.«

Der Patient fragt nach einem kräftigen Potenzmittel. »Kein Problem«, sagt der Arzt. »Es gibt da ein hervorragendes Phosphorpräparat.«

»Sie haben mich nicht verstanden — stehen soll er, nicht leuchten!«

»Ich möchte Ihre Tochter zum Fischen abholen, Frau Fischer.«

»Ich heiße Vogel.«

»Um so besser ...«

Werner hat sich zum achten Male was vom kalten Büfett geholt.

»Sei nicht so verfressen«, ermahnt ihn seine Frau, »was sollen die Leute von dir denken?«

»Wieso von mir? Ich sage immer, es ist für dich.«

Was sagte der Mann, der seine Frau mit dem Postboten im Bett überraschte?

»Beim Fleischer und beim Bäcker haben wir Schulden, und du treibst es hier mit dem Briefträger ...«

»Was findest du daran so toll, daß dein Mann Archäologe ist?«

»Je älter ich werde, desto mehr interessiert er sich für mich.«

Zwei Männerstimmen im Theater:

»Verzeihung, aber man versteht kein Wort!«

»Das geht Sie auch 'n Dreck an, was ich zu meiner Frau sage.«

Was bekommt selbst die schärfste Sexbombe Hollywoods nicht aus Rambos Hose heraus?
Rotweinflecken.

Was sagte der Chefchirurg in der Silvesternacht?
»Fross neuss Jaaaah, alle susamm! W-wo liecht die Passentin, die ich oppelieren soll?«

Was rief der Glühwurm, als er auf die 100-Watt-Birne hüpfte?
»Das Weib ist ja der helle Wahnsinn!«

Was wollen Windhunde von den Frauen?
Nur rein und raus.

Kein Mann kann sich an seiner Frau sattsehen. Wer ausnahmsweise doch?
Jeder Zuhälter.

Das zarte Stimmchen während einer heißen Liebesszene im Kino:
»Mutti, tut er ihr da den Blütenstaub rein?«

Zwei graue Panther beobachten, wie ein schönes Fräulein der Länge nach hinknallt.
»Ach, die Arme!«
»Ach, die Beine ...«

Frauenarzt: »Sie sind schwanger.«
Teenie: »Aber ich habe noch nie mit einem Mann ...«
Frauenarzt: »Denken Sie scharf nach.«
Teenie: »Nur mal mit einem Piloten war ich zusammen. Doch der hat mir nur gezeigt, wie man Flugzeuge in der Luft auftankt.«

Die Freundin hat beim dampfenden Kaffee viel zu erzählen: »In der vergangenen Woche habe ich was Ulkiges erlebt. Da klingelt ein junger Typ bei mir und fragt, ob mein Mann zu Hause sei ... Nein, sage ich. Er greift mich, zerrt mich aufs Sofa und vernascht mich — Wahnsinn! Tja, so geht das seitdem jeden Tag. Allmählich frage ich mich wirklich, was dieser Kerl eigentlich von meinem Edgar will ...«

Die Vollblutsportlerin beim Jogging:
»Führe mich nicht in Versuchung, sondern versuche es lieber in der Unterführung da hinten!«

Sie: »Ich bin im Kino bestohlen worden.«
Polizist: »Wo hatten Sie Ihr Geld aufbewahrt?«
Sie: »Im BH.«
Polizist: »Und Sie haben nichts gespürt?«
Sie: »Klar. Aber ich glaubte, der Bursche hätte ehrliche Absichten.«

»Noch ein Wunsch, der Herr?«
»Ja, Ober, flambieren Sie mir bitte die Rechnung!«

Was sind wahre Naturfreunde?
Feldstecher!

Und dann war da noch der Fernsehboß, der zu dem Autor sagte:
»Für ein Stück ist Ihr Drehbuch zu schwach, aber ich denke, daß wir daraus eine fünfzigteilige Fernsehserie machen können.«

»Dein Thomas hat ja einen gewaltigen Adamsapfel ...«
»Hast du schon mal einen Apfel gesehen, der einen langen Stiel hatte?«

»Mein Mann fährt zur See und kommt nur einmal im Jahr für zwei Wochen nach Hause.«
»Du Arme.«
»Wieso? Vierzehn Tage sind doch schnell um.«

Sie: »Ein tolles Motorboot haben Sie.«
Er: »Ach ... Immer wenn ich darin ein Mädchen verführen will, kentert es sofort.«
Sie: »Habe ich Ihnen eigentlich schon erzählt, was für eine ausgezeichnete Schwimmerin ich bin?«

Was ist ein Dry Martini?
Ein sterilisierter Italiener.

»Mammi, Mammi, der Max will meine Barbie ficken und bietet nur zwei Gummibärchen ...!«

Ein Auto fährt durch die Frühlingsnacht.
Sie: »Kannst du auch mit einer Hand lenken?«
Er: »Ja.«
Sie: »Dann putz dir gefälligst die Nase.«

»Komisch, Erich, du hast so ein aschfahles Haar, aber unten an deinem Sack ist kein einziges graues Härchen.«
»Tja, da unten habe ich noch nie Sorgen gehabt.«

Wie nannte der Chef die Sekretärin, die ihm im Bett Schwierigkeiten machte?

Seine engste Mitarbeiterin.

Was ist eine ostfriesische Nixe?
Ein Karpfen mit Titten.

Der moderne Daddy will seine drei Töchter aufklären. Nackt setzt er sich auf die Bettkante und ruft die Mädchen einzeln herein.

»Wozu wird der hier benutzt?« fragt er die 16jährige, seinen Schniedelwutz tätschelnd.

»Zum Bumsen. Oder wenn du dir mal selber einen runterholen willst.«

Dann kommt die 14jährige heran. Auch sie weiß tadellos Bescheid.

Nur die 12jährige wenig später gerät ins Grübeln: »Den benutzt du zum Pinkeln, nicht?«

»Und du denkst, daß das die einzige Möglichkeit ist?« hakt er nach.

»Zweifellos, Papi. Denn zum Bumsen ist der doch viel zu klein.«

Der Stolz einer Mutter:

»Meine Tochter kann sich vor Verehrern kaum retten. Jetzt hat sie die Schlafzimmergardinen an ihren Verlobungsringen aufgehängt.«

Zwei hübsche Busenfreundinnen im Kino:

»Dieser Typ neben mir wichst sich einen ...«

»Na und? Beachte ihn einfach nicht.«

»Wie denn? Er nimmt meine Hand dazu.«

Warum hat der Leprakranke nur noch einen Arm?
Weil er der Krankenschwester eine Kußhand zuwarf!

Was für weibliche Persönlichkeiten liebt nicht nur Woody Woodpecker?
Gespaltene.

Wie nennt man einen Papagei, der nur Bohnen frißt?
Donnervogel.

Frage: »Was ist das?« (Zunge rausstrecken!)
(Spannungspause)
Antwort: »Eine Lesbe mit'm Ständer.«

Was muß man dreimal am Tag mit einem Hund, dem alle vier Pfoten abgefahren wurden?
Um die Häuser ziehen.

Was ist die schmerzvollste chirurgische Phase, wenn sich ein Mann in eine Frau umoperieren läßt?
Der Moment, wenn ihm in die Brust die beiden Oliven eingesetzt werden ...

Woran kann man einer alternden Hollywoodschauspielerin leicht ansehen, daß sie einige Face-Liftings zuviel hinter sich hat?
Wenn ihre Brustwarzen plötzlich dort sitzen, wo sie früher Grübchen hatte.

Und was murmelte der Besoffene, als er auf dem Friedhof aufwachte?

»Wenn ich noch lebe — warum bin ich dann hier? Und wenn ich tot bin ... Warum muß ich dann noch pissen?«

Warum ist es überhaupt nicht schlimm, wenn ein Hund mal zu wenig Luft draufhat?

Weil er sowieso an jeder Ecke von einem anderen Hund aufgepumpt wird.

Was passierte dem jungen, unerfahrenen Liebespaar, das Nivea mit Kitt verwechselte?

Ihre Fensterscheiben fielen raus.

Wodurch gibt sich ein Mädchen ganz klar zu erkennen, das scharf auf Mundverkehr ist?

Wenn es sich jedesmal die Kleider vom Leib reißt, sobald du gähnst!

Was ist ein Pessimist?
Ein verheirateter Optimist.

Wieso freute sich der schwule Firmenboß so sehr?

Seine rechte Hand bestand auf mehr ...

Die hübsche Astronautin funkt aufgeregt zur Bodenstation: »Ein Ufo fliegt neben mir her und fotografiert mich. Was soll ich tun?«

Funkspruch zurück: »Ausziehen!«

Was ist das Schönste für jeden Ehemann?
Er darf mit seiner Chefin ins Bett!

Warum sind Eichhörnchen total verschwulte Säue?
Immer Nüsse in der Schnauze!

Und dann war da noch diese über und über häßliche Frau, die den Job ihres Lebens fand:
Als Testpilotin in einer Besenfabrik ...

Wann schlägt ein brutaler Mann seine Frau?
Immer.

Was steckt hinter Mona Lisas berühmtem Lächeln?
Keine Frage — Leonardo da Vinci hatte beim Pinseln seinen Kuhstall offen.

Was bekam der Gen-versierte Bio-Bauer, als er sein kuschelweiches Schäfchen mit einer Wühlmaus kreuzte?
Lauter Arschlöcher im Gemüsebeet.

Woran erkennt man schwule Indianer?
Wenn an ihren Skalps Schwänze und Säcke baumeln.

Wann hat eine Frau wirklich O-Beine?
Wenn sie auf beiden Seiten gleichzeitig aus ihrem Bett steigen kann ...

Wie kommt man in ein Fuchsloch rein?
Also erst mal mußt du seinen Schwanz hochkriegen ... Dann laß dich überraschen.

Was flüsterte die junge Ehefrau ihrem Mann durch die Haustür zu?
»Ich komme gerade vom Schwangerschaftstest. Willst du uns beide nicht reinbitten?«

Warum sind die meisten Trucker schwul?
Na ja, die lassen sich ja wohl von jedem eine Ladung verpassen.

Wann schaut ein Motorradfahrer richtig glücklich aus der Wäsche?
Wenn er Fliegen, Mücken und Käfer zwischen den Vorderzähnen hat.

Was macht man mit einer O-beinigen Frau?
Man hängt sie sich als Glücksbringer über die Tür.

Gibt es etwas Schlimmeres als Kellnerinnen, die unter den Achseln Hämbörger warmhalten?
Ja ... Kellnerinnen, die Hot Dogs warmhalten!

Warum glaubte die Tunte, schwanger zu sein?
Sie hatte Mumps.

Wovon träumen Mädchen und Frauen, die beim Bumsen die Augen zumachen?
Daß sie sich's selber machen ...

Was sollte ein Mädchen am besten tun, um nicht schwanger zu werden?
Nichts.

Welche Männer waschen sich die Hände vor dem Pinkeln?
Urologen.

Was ist die einfachste Methode, ein bißchen Gruppensex zu machen?
Nimm beide Hände!

Was ist eine Orgie, rein medizinisch gesehen?
Gruppentherapie.

Wie dumm war Adam?
Sehr dumm. Er hatte Eva, aber vernaschte lieber den Apfel.

Was ist das — ist schwarz und weiß und versteckt sich in der Höhle?
Ein Zebra, das mit seinen Alimentenzahlungen im Rückstand ist.

Gibt es Männer, die sich in ihrer Arbeit vergraben, wenn sie unheimlich spitz sind?
Ja, Tierpräparatoren.

Was sagte Kermit, als ihm Miss Piggy eröffnete, daß sie nymphomanisch veranlagt wäre?
»Ist mir scheißegal, was du klaust — Hauptsache, du bist mir treu!«

Wann horcht ein Mann erschreckt auf und muß an seiner Männlichkeit zweifeln?
Wenn er beim Jogging schmatzt ...

Womit verriet sich der Straßenverkäufer, der ein ganz übler Exer war?
Mit seinem Hot-Dog-Stand.

Wer macht aus Maulwurfshügeln gewaltige Gebirgsmassive?
Jedes Mädchen, das einen knallengen Pulli trägt.

Ab wann muß sich ein Mann ehrlich eingestehen, daß er ein Riesenproblem mit dem Furzen hat?
Wenn ihn die holländische Regierung unbedingt als Blitzstarter für Windmühlen engagieren will.

Wo schütteln dir alle Gäste die Hand, obwohl du sie noch in der Hosentasche hast?
In jeder Schwulenbar!

Wie machen Schwule Mountainbiking?
Ohne Sattel.

Wann ist jede Frau gut im Bett?
Wenn sie ihre lackierten Fußnägel trocknen läßt.

Welches ist der einzige Ort auf der ganzen Welt, wo es wirklich was zu bedeuten hat, wenn dir ein weibliches Wesen augenzwinkernd zulächelt?
Unterm Tisch!

Was sagte die Lady am FKK-Strand zu Zwerg Laurin?
»Geh mir aus den Haaren ...«

Was ist gefährlicher als eine Klapperschlange?
Der Klapperstorch!

Wie bekommen Frauen Nerze?
Auf die gleiche Weise, wie Nerze Nerze bekommen.

Warum sind Öko-Freaks besonders sparsam mit dem Toilettenpapier?
Um ganze Wälder zu retten, benutzen sie beide Seiten!

Was ist das erste, was man nach einer Wahnsinnsnacht frühmorgens tun sollte?
Sich die Zähne putzen, aber mit einem Kamm ...

Was hat jeder Freier in der Hand, der Telefon-Sex treibt?
So'n Apparat!

Was sagte der Nasenrotz zu Kermit?
»Es ist nicht einfach, grün zu sein.«

Woran kann ein junges noch unberührtes Mädchen leicht erkennen, daß der Freund beim Petting voll auf seine Kosten gekommen ist?
Wenn ihr Slip, den sie daheim von sich schleudert, an der Wand klebenbleibt ...

Was ist schlimmer — schwarz sein oder schwul?
Schwul. Kein Mensch muß seiner Mutter erklären, daß er schwarz ist.

Was geschieht mit jedem Ehemann, der sich sehnlichst wünscht, seiner Frau treu zu sein, aber es nicht kann?
Nicht lange, und er wünscht sich sehnlichst, seine Frau zu betrügen, aber er kann nicht ...

Wie ist die Mehrzahl von Muschi?
Harem.

Was sagte das Girl zu dem blöden Typen an der Bar, der ihr in den Schlüpfer greifen wollte?
»Nur zu! Ein Arschloch ist bereits drin!«

Warum ist ein Wasserbett nichts für junge Liebespaare, erst recht nichts für Eheleute?
Weil es sie zu leicht auseinandertreibt.

Wann kannst du dir absolut sicher sein, daß du ein Schuppenproblem hast?
Wenn deine Kopfläuse Schneestiefel tragen ...

Was sagte der Psychiater, als ihm sein Patient von dem unstillbaren Drang berichtete, sich Tabak in die Nasenlöcher zu stopfen?
»Möchten Sie Feuer?«

Warum lieben Männer große Brüste und kleine Muscheln?
Weil sie große Mäuler und kleine Pimmel haben.

Was sagte der Stier zur kurzsichtigen Melkerin?
»Muuuuuuuuuuuuuuuuuuuuuuuuuuuuuuuuuuuuh...«

Was macht einen Höllenlärm?

Zwei Skelette, die auf einem Wellblechdach ficken und eine Konservenbüchse als Kondom benutzen.

Welchen Nachteil hat Mundverkehr?
Die Aussicht!

Wann weiß man, daß ein Mädchen will?

Wenn es auf deiner Hand sitzt und du das Gefühl hast, dir würde ein Pferd aus der Hand fressen ...

Was kommt dabei heraus, wenn du Bohnen mit Zwiebeln ißt?

Tränengas.

Was schrie die Tunte in den Büschen, die auf einen Laubfrosch schiß?

»Himmel noch mal, mein Fötus lebt!«

Was bekam der Gen-Wissenschaftler, der einen Exer mit einem Polizisten kreuzte?

Einen Trenchcoat-Typen, der auf jeden und jede sofort losknüppelt ...

(Und wenn er nicht gestorben ist, knüppelt er noch heute.)

Was treibt ein Mann, der nicht mehr kann, auf dem Wasserbett?

Toter Mann.

Was ist ein Babysitter?
Ein junges Mädchen, das du dafür bezahlst, daß es sich von seinem Freund auf deiner Wohnzimmercouch bumsen läßt, während sich dein Kind in den Schlaf brüllt.

Ab wann hat ein Mann Erfahrung?
Sobald er sich seinen Fehler eingesteht, den er immer und immer wieder begehen wird.

Was versteht man unter einer typischen M & M's-Liebesaffäre?
Wenn er, zum Beispiel im Autokino, in ihrem Mund schmilzt, nicht in der Hand …

Wie unterscheidet sich ein normaler junger Mann von einem schwulen jungen Mann?
Wenn dem normalen jungen Mann schon mal was über die Arschbacken fährt, dann in jedem Fall etwas mit einem langen rotlackierten Fingernagel drauf.

Welche Pizza essen Vampire am liebsten?
Pizza Tamponata.

Gibt es für eine Frau noch Wichtigeres als die Männer in ihrem Leben?
Ja: das Leben in ihren Männern.

Wie kann eine Ehefrau ihren Mann mitten in der Nacht auf schöne Gedanken bringen?
Sie lutscht einfach so lange am Bettpfosten, bis er davon wach wird.

Womit ist eindeutig bewiesen, daß deine Sexpartnerin frigide sein muß?

Du küßt sie tiefer und tiefer, und plötzlich ist deine Zunge an ihrem Schenkel festgefroren!

Was sagte King Kong zu Zsa Zsa Gabor?
»Is' er drinnen?«

Wer läßt fliegende Untertassen durch den Raum schießen, bevor er Sterne sieht?

Jeder Kellner, dem du ein Bein stellst. (Probier's doch einfach mal aus!)

Wie geht die Super-Schwulen-Diät?

Einfach Pessar in den Hals, fertig …

VIII

**Wann weiß eine Mutter,
daß sie versagt hat? –
Wenn ihr Sohn
die Straße fegt,
auf der ihre Tochter
anschaffen geht ...**

Autobahn Richtung Süden. Sommer, Sonne, blauer Himmel. In der auf Hochglanz polierten Limousine: Thomas und Sandra — just married …

»Bist du glücklich?« wendet er lächelnd seinen Blick von der Überholspur.

»Willst du die Wahrheit hören?«

Er nickt.

»Im Moment bin ich weniger glücklich«, sagt sie etwas verlegen hüstelnd. »Ich muß einfach mal für kleine Mädchen, verstehst du?«

Thomas am Lenkrad tritt unbeeindruckt auf das Gaspedal, um die Lastwagen-Kolonne rasch hinter sich zu bringen. »In ein paar Minuten essen wir sowieso irgendwo. Bis dahin wirst du's ja wohl noch aushalten können.«

Nach einer Weile reagiert sie ziemlich gepreßt auf seine Bemerkung.

»Nein, Thomas«, sagt sie entschieden.

Aus den Augenwinkeln betrachtet er seine schöne Frau. »Also deswegen halte ich nicht an. Unser Zeitplan hat Vorrang. Die tollste Honeymoon-Suite wartet auf uns … Nun mach schon dein Fenster auf, hänge deinen süßen Knack-Po in den Wind und fertig!«

»Du meinst, ich …«

Thomas lehnt sich amüsiert zurück. um sich keine Einzelheit seines Vergnügens entgehen zu lassen. Es erregt ihn irgendwie, wie sie sich hastig ihrer Kleidung entledigt, wie der Fahrtwind ihr Haar zerzaust, während sie auf dem Beifahrersitz in die Hocke sinkt — ihr Hinterteil weit aus dem offenen Fenster streckend.

Schnitt!

Zwei Autostopper lehnen am Kilometerstein, reißen die Daumen hoch, als sich die auf Hochglanz polierte Limousine nähert.

Aber der Wagen bremst nicht ab, schießt dicht an den

beiden vorbei, und genau in diesem Augenblick macht es ›platsch‹.

»Scheiße«, schimpft der eine zurücktaumelnd und wischt sich über das Gesicht. »Dieser Mistkerl da im Fenster hat mich angespuckt. Hey, Kumpel, hast du dieses blasse Mondgesicht gesehen?«

Hingerissen starrt sein Freund der Limousine nach, die am Horizont kleiner und kleiner wird.

»Meine Herrn«, entfährt es ihm. »Vergiß das Mondgesicht. Seine Lippen hättest du sehen sollen ...«

Grüne Woche in Berlin ...

Willy Rappatt, Bauer aus Bahrendorf, hat das Geschäft seines Lebens gemacht, seine Runkelrüben, Kartoffeln, Zwiebeln, Enten, Hühner, Gänse verkauft — bis auf eine Gans.

Jetzt will er was erleben, schnappt sich die Gans und fährt zum Bahnhof Zoo. Im Kino gibt es den neuesten Eddie Murphy, Willy rein.

»Aber nicht mit der Gans«, protestiert die Dame an der Kasse.

Willy geht wieder raus, löst das Problem in einer stillen Häuserecke ruckzuck. Reißverschluß auf, die Gans in die Hose, Reißverschluß zu.

Unbeanstandet nimmt er kurz darauf im dunklen Parkett Platz, direkt neben zwei älteren Damen.

Kaum beginnt der Hauptfilm, jagen sich die Lachsalven. Die Gans in der Hose wird unruhig, zappelt und strampelt. Um sie zu beruhigen, öffnet Willy seine Hosentür, damit der Vogel in Ruhe frische Luft schnappen kann ...

»Sieglinde«, flüstert die ältere Dame der anderen ins Ohr, »ich sage ja immer, wenn du einen gesehen hast, kennst du alle - aber dieser Lümmel hier neben mir, stell dir nur vor, frißt mir meine ganzen Nüsse weg!«

Edgar, der Hüter der Unmoral, braucht dringend einen neuen Schwung Kondome.

»Welche Größe?« hakt die junge Apothekerin diensteifrig nach. »Mini, Medium oder Maxi?«

»Weiß nicht«, antwortet Edgar irritiert. Bislang war er noch nie auf eine konkrete Größe angesprochen worden.

»Das haben wir gleich«, beruhigt ihn das hübsche Fräulein im weißen Kittel, führt ihn in den Nebenraum, macht ihn und sich routiniert frei.

Edgar kann's nicht glauben, daß er einfach so bei der taufrischen Apothekerin reindarf.

Nach einigen beherzten Stößen zieht sie ihn heraus.

»Medium«, sagt sie.

Und Minuten später verläßt er, bestens bedient, wenn auch nicht bis zum befriedigenden Ende, die Apotheke. Mit dem Packen unter dem Arm läuft er kurz darauf seinem Freund Armin in die Arme, erzählt ihm von dem wunderbaren Service, der ihm widerfuhr.

Keine Frage — auf der Stelle braucht auch Armin dringend einen neuen Schwung Präser.

»Welche Größe?« fragt ihn die junge Apothekerin, die sich als noch viel hübscher herausstellt, als sein Freund versichert hat.

»Keine Ahnung«, bedauert Armin, die Luft anhaltend.

Schon wird er an der Hand genommen, in den Nebenraum geleitet, und alles passiert, wie Edgar erzählte. Mit dem kleinen Unterschied, daß Armin seine Zeit voll ausnützt.

»Mini«, konstatiert das Fräulein, und er folgt ihr zum Tresen.

»Und wie viele hätten Sie gerne?«

Abwinkend ist Armin bereits an der Tür. »Danke, Fräulein, ich überleg's mir noch ... Ich bin eigentlich nur zur Anprobe gekommen.«

Fortsetzung folgt:

›Kondom‹ — zweiter Teil ...

»Welche Größe bitte?« wird ein anderer junger Mann von einer anderen jungen, hübschen, taufrischen Apothekerin gefragt.

Dirk heißt er.

»Tut mir leid, ich hab' nicht den blassesten Schimmer«, muß Dirk passen.

Routiniert weist sie ihn darauf hin, das sich im Hof der Apotheke zum Zwecke der intimen Anprobe ein Bretterzaun befindet — mit drei unterschiedlichen Löchern in den Größen Mini, Medium und Maxi.

Dirk eilt nach draußen, und gleich nach ihm verschwindet auch die Apothekerin durch eine Hintertür ...

Sich nach allen Seiten vergewissernd, daß er völlig ungestört ist, macht Dirk die Probe aufs Exempel im ersten Loch, dem kleinsten.

Kaum steckt er drin, hat er das wundervolle Gefühl, als würde er von den Händen eines Engels gestreichelt werden.

Entsagungsvoll tritt er den Rückzug an, versucht es im Medium-Loch. Eine wohlig pulsierende Wärme erwartet ihn dort, zweifellos eine geradezu himmlische Muschi in höllischen Kontraktionen.

Wie fällt es ihm schwer, diese heißtemperierte Tropfsteinhöhle verlassen zu müssen. Aber Dirk will unter keinen Umstände die Größe Maxi auslassen. Er macht vor dem Bretterzaun einen Schritt und nimmt wuchtig die dritte Möglichkeit in Besitz.

Oh, durchschießt es Dirk bis in die Haarwurzeln, freche Lippen heißen ihn saugend, blasend, kauend willkommen, eine rotierende Zunge duldet kein Hinhalten mehr, löst die Explosion seines Lebens aus, daß es ihm fast die Kniescheiben an den Brettern zertrümmert ...

Als Dirk wieder zu Atem kommt, kehrt er in die Apotheke zurück.

»Und welche Paßgröße haben Sie nun ermittelt, mein Herr?« erkundigt sich die Apothekerin, die sich das Haar ordnet.

»Vergessen Sie die albernen Gummis«, fährt sich Dirk aufgeregt mit der Zungenspitze über den Mund. »Geben Sie mir fünf Meter von Ihrem Bretterzaun!«

Lovely Rita kann nicht genug kriegen. Per Zeitungsanzeige sucht sie ihren Traumboy. Mindestlänge: .... Zentimeter (Wird nicht verraten!).

Bereits am nächsten Tag steht einer vor ihrer Haustür.

»Laß mal sehen«, bittet sie ihn. Er läßt sehen, aber sie ist enttäuscht, schickt ihn weg.

Eine Woche später klingelt derselbe junge Mann bei ihr. Rita staunt. In der Zwischenzeit hat sich der Lümmel fast verdoppelt, reicht aber noch nicht der verwöhnten Lovely Rita.

Dann vergeht ein ganzer Monat. Es läutet. Als sie öffnet schreckt sie zurück — den Mann, der draußen steht, kennt sie, aber er hat eine Riesenschlange um den Hals baumeln.

»Keine Angst«, beruhigt er sie, »das ist keine Schlange, das ist ER!«

Jetzt ist sie restlos begeistert, lädt ihn aufgeregt ein und schlüpft noch im Flur aus ihrem Kleid, gibt all ihre weibliche Schönheit preis.

Ein Geräusch hinter ihr.

Was ist geschehen?

Lovely Ritas Traumboy kriegte schlagartig einen Steifen ...

... und der brach ihm das Genick!

Franz und Frank haben ihre Frauen hübsch zu Hause gelassen, sind auf einen Sprung nach Afrika geflogen — zum Jagen.

Gleich am ersten Abenteuertag im Busch dann das:

Franz erleichtert sich im Dickicht, als er von einer Giftschlange attackiert wird, die ihm in den Schwanz beißt, direkt in die Nülle.

Hilferufend bricht Franz zusammen, berichtet seinem heranstürzenden Freund, was geschehen ist. Die Schlange kann er kaum beschreiben, im Nu beginnt das Gift zu wirken.

Frank zwingt sich zur Ruhe, marschiert zum Range Rover, der in der Nähe steht, betätigt das Funkgerät, bekommt auch schnell den Doktor des Camps an den Apparat.

»Es gibt eine Chance, Ihren Freund zu retten«, beschwört ihn der Arzt. »Packen Sie den Penis, schneiden Sie mit dem Messer die Penisspitze ab, bis etwa fünf Zentimeter über die Bißstelle hinaus. Verstanden?«

»Verstanden.«

»Und jetzt das Wichtigste — saugen Sie alles Blut aus dem Penis Ihres Freundes, das ganze Gift, verstehen Sie? Hören Sie nicht auf zu saugen, bis ich eintreffe. Ran an die Rettungsarbeit, und er wird durchkommen ...«

Schnell kehrt Frank zu seinem besten Kumpel zurück.

»Was hat der Arzt gesagt?« röchelt Franz mit Fieberschweiß auf der Stirn.

Tröstend legt Frank den Arm um ihn.

»Franz, alter Freund, du mußt jetzt sehr tapfer sein, und ich bin ja bei dir. Keine Chance, meinte der Doc, du hast nicht die geringste Chance. Tut mir leid, Franz, du mußt sterben. Ach, wenn es nur etwas gäbe, was ich für dich tun könnte ...«

Gérard Hoffmüller, Besitzer einer Videotheken-Kette von Rosenheim bis Rostock, kann partout nicht fassen, daß sein bester Freund Friedhelm nicht zum Herrenabend kommen will.

»Mensch«, bedrängt er ihn, »ich habe gerade eine glühend heiße Ladung Porno-Videos reinbekommen. Dir werden die Augen ausfallen.«

»Nee, ich komme nicht«, bleibt Friedhelm eisern.

»Vorhin hatte ich deine Frau an der Strippe. Sie hat nichts dagegen, gibt dir Ausgang. Sei kein Frosch, Junge, wir werden uns mal wieder anständig amüsieren. Zwanzig Uhr bei mir — abgemacht?«

Ein tiefer Seufzer. Endlich rückt Friedhelm mit der Wahrheit heraus:

»Nein, Gérard, ich will deine verdammten Porno-Videos nicht sehen. Weißt du, es stinkt mir, einem Typen zuzuschauen, der in zehn Minuten mehr Spaß hat — als ich in den letzten zwanzig Jahren zusammen ...«

Zwei Angler treffen sich regelmäßig am Seeufer. Seit geraumer Zeit muß der eine mitansehen, wie der andere das Anglerglück für sich geradezu gepachtet haben muß: Einen prachtvollen Fisch nach dem anderen zieht er aus dem Wasser!

»Wie machst du das bloß?« macht sich der Erfolglose daran, das Rätsel zu lösen, das ihn allmählich gewaltig wurmt.

»Der Köder ist alles«, sagt der Glückspilz, holt gerade was aus der Tasche, schnuppert daran, hängt es an den Haken seiner Wurfangel. »Tja, mein Bruder arbeitet im Krankenhaus, In der Autopsie — er versorgt mich mit Mösen. Du siehst ja selbst, wie sich die Fische darum reißen.«

Schweigend beobachtet der völlig perplexe Mann, wie die nächste fette Beute am Ufer landet. Wieder der Griff in die Tasche, das Schnuppern an dem ungewöhnlichen Köder.

»Verrate mir nur noch, was es da zu riechen gibt, Kumpel?«

»Oh, ich will doch nicht die Fische verschrecken!«

»Wie — womit?«

»Na ja«, dehnt der erfolgreiche Petrijünger und wirft die Angel aus, »hin und wieder rutscht meinem Bruder schon mal das Messer aus und dann landet in meinem Korb aus Versehen so'n ganz ordinäres Arschloch. Da gibt's für mich nur aufpassen, aufpassen.«

Alle Kollegen im Büro legen Geld zusammen, um für Ulli eine Nutte anzuheuern. Trotz seiner 32 Jahre ist Ulli noch Jungfrau. Er freut sich über die Hilfsaktion und macht sich sofort auf den Weg zu der Intim-Fachfrau, die für ihn von der Belegschaft ausgewählt wurde.

Was niemand, erst recht nicht der völlig unbefleckte Ulli, ahnen kann — das schöne, käufliche Wesen hat gerade zu Mittag gegessen und zwar drei Teller Bohnensuppe.

»Machen wir erst mal zum Aufwärmen 69?« schlägt sie Ulli vor, der gern einwilligt, obwohl er sich unter dieser komischen Zahl wirklich kaum etwas vorzustellen vermag.

Ehe er sich versieht, bringt sie ihn auf dem Bett in Position, und ehe er sich ein zweites Mal versehen kann, schmettert ihm ein gewaltiger Furz ins Gesicht.

Entsetzt springt Ulli auf die Füße, in seine Sachen und rettet sich zur Tür, tief, tief Luft holend.

»Nee«, schüttelt er sich. »Für den Anfang war's gar nicht mal so übel. Aber noch weitere 68 Fürze, tut mir aufrichtig leid, die verkrafte ich nicht.«

Bei einem Autounfall wurde Hannes übel zugerichtet. Er war nicht angeschnallt, schoß mit dem Kopf durch die Windschutzscheibe. Die Ober- und Unterlippe wie wegrasiert.

Zum Glück wußte sein behandelnder Arzt Rat, und die Operationsschwester war einverstanden, dem Schwerverletzten Haut zu spenden, medizinisch ausgedrückt: ihre äußeren Schamlippen …

Ein Jahr danach erscheint der völlig Wiederhergestellte bei seinem Doktor zum letzten Check-up. »Blendend schauen Sie aus, und wie fühlen Sie sich?« erkundigt sich der Chirurg, sein Meisterwerk in Augenschein nehmend.

»Ich kann mich nicht beklagen«, meint Hannes. Er stutzt.

»Doch, Doktor, eins quält mich schon irgendwie. Jedesmal, wenn ich pinkeln gehe, kriege ich ein fürchterliches Mundzucken – das macht mich ganz krank …«

Boris und Carlo stehen im Pissoir und lassen es plätschern.

»Ach«, seufzt Carlo, »ich hätte zu gern so einen wie mein Neffe. Der braucht vier Finger, um seinen Prügel zu halten!«

Boris versteht nicht. »Na hör mal, du hältst doch deinen gerade mit vier Fingern«, deutet er auf seinen Freund.

»Ja, ja«, räumt Carlo mißmutig ein, »aber drei Finger mach' ich mir dabei naß …«

»Ich? Ich soll den Sex aufgeben? Unmöglich, Doktor!« schüttelt sich der Patient voller Entsetzen auf der Couch des Psychiaters. »Wie soll ich denn das schaffen, selbst wenn ich Ihren Rat befolgen will, he?«

»Nichts ist einfacher als das«, lächelt der Arzt milde. »Heiraten Sie, und dann ergibt sich alles von ganz alleine.«

Der junge Bodybuilder kommt ins Bordell. Als er aus der Hose steigt, erstarrt das Mädchen. So einen Langen hat sie noch nie erlebt!

»O jeh, o jeh«, stammelt sie. »Das ist zuviel für mich, Schätzchen. Meinetwegen — ich werd' ihn küssen.«

»Na, na«, winkt der Hüne energisch ab. »Küssen kann ich ihn selber.«

Herbert möchte sich vergrößern und — verlängern. Kein Problem für Dr. Kekkonen. »Nehmen Sie hier diese Pillen. Pro Tag eine, und rufen Sie kurz nach dem Runterschlucken ›Hilfe‹. Alles klar?«

Glückstrahlend verläßt Herbert die Praxis, klettert in seinen Porsche und wirft gleich mal hundert Pillen auf einmal rein.

Schwer kauend startet er den Wagen, ruft ein paarmal laut »Hilfe«. Jäh wächst was in seiner Hose, wächst und wächst, während die Temponadel über die Marke 100 zuckt.

Im selben Moment zerplatzt die Hose, Ein riesiger Pimmel schlägt gegen das Lenkrad. Herbert verliert die Kontrolle über das Auto, das von der Fahrbahn abkommt und eine tiefe Böschung hinunterschießt.

Im Fliegen schreit Herbert wie am Spieß:

»Hi-i-i-i-i-i-i-i-i-i-i-i-i-l-fe!«

Kurz darauf kommt ein anderer Wagen des Weges. Der Mann am Steuer stößt seine neben ihm sitzende Frau an, fuchtelt zur Böschung hin: »Schau nur, Liebling — was die hier in dieser Gegend für komische Telefonmasten haben!«

Der Herr Direktor Schnalz hatte schwer mit sich zu kämpfen, welche von seinen drei besten Mitarbeiterinnen er befördern sollte.

So kam er auf eine Idee. In der Mittagspause legte er auf ihre Schreibtische jeweils eintausend Mark. Was passierte?

Die erste gab ihm ehrlich und sofort das Geld zurück.

Die zweite kaufte heimlich davon Aktien, machte damit binnen einer Woche zweitausend Mark Gewinn und überreichte ihm ehrlich dreitausend Mark.

Die dritte steckte das Geld einfach klammheimlich in die Tasche.

Wer wurde befördert?

Die dritte Bewerberin.

Warum?

Sie hatte die größten Titten …

Tja, und das war Marie-Luises Problem. Um endlich Schluß mit den flachen Realitäten zu machen, wandte sie sich eines Tages hilfesuchend an Dr. Kekkonen.

Auch dies — kein Problem für Dr. Kekkonen.

»Hier, reiben Sie sich mit dieser Salbe Ihre Brüste ein, und jedesmal, wenn ein Mann zu Ihnen ›Oh, entschuldigen Sie‹ sagt, werden sie größer und größer wachsen!«

Zu Hause schmierte sich Marie-Luise gleich die ganze Tube auf ihre beiden Flachmänner. Dann ging sie einkaufen. Unterwegs rempelte sie ein Penner an, lallte: »Oh, entschuldigen Sie!«

Schlagartig hatte Marie-Luise zwei pralle Bomben unter der Bluse.

Im Supermarkt stieß der Geschäftsführer gegen ihren Einkaufswagen — »Oh, entschuldigen Sie!«

Da war es Marie-Luise fast peinlich, was sie plötzlich für eine gewaltige Oberweite besaß.

Wieder daheim bestaunte sie ihren neuen Besitz, beschloß, zur Feier des Tages chinesisch essen zu gehen.

Mit dem Taxi fuhr sie zum ›Wang Tang‹. In der Eingangstür wäre sie beinahe von dem Kellner überrannt worden. »Oh, entschuldigen Sie tausendmal«, säuselte er bedauernd.

Es waren seine letzten Worte.

Und die fettgedruckte Schlagzeile der ›Bild-Zeitung‹ lautete am nächsten Morgen:

»Chinese von zwei Torpedos zu Tode zermalmt!«

Die Ehefrau kommt vom Shopping:

Ihr Mann treibt es mit einem blutjungen, hübschen Ding auf der Schaumstoff-Wohnlandschaft!

Wortlos will sie auf der Stelle kehrtmachen.

»Halt«, ruft er sie zurück, »ich hab' dir was zu sagen. Du hast ein Recht darauf, zu erfahren, wie das passiert ist. Als ich mit dem Wagen vom Büro kam, sah ich dieses Mädchen am Straßenrand, frierend, armselig und ausgehungert. Ich nahm sie mit, gab ihr etwas zu essen — weißt du, das Brathuhn, das du im Kühlschrank längst vergessen hast. Da sie barfuß war, gab ich ihr deine Stiefeletten, die schwarzen, die du nicht mehr anziehst, weil sie angeblich aus der Mode gekommen sind. Und weil sie noch immer fror, schenkte ich dem armen Kind den Pullover von dir, den ich dir zum Geburtstag geschenkt habe und den du wegen der Farbe nie angezogen hast. Tja, und dann die Jeans, die dir zu eng geworden sind ... So war das gewesen, und ich brachte sie zur Tür, und da hat sie mich gefragt: ›Haben Sie vielleicht noch etwas für mich, was Ihre Frau nicht mehr gebrauchen kann?‹«

Ein knisternder Kamin. Schummerlicht. Auf dem Eisbärenfell zwei Liebende.

»Schenk mir deinen Finger«, fleht sie.

Ein Röcheln.

»Noch einen … o ja, die ganze Hand soll mir gehören. Tiefer, tiefer!«

Erschöpft gibt er auf. Ihre Schenkel umschlingen seinen Hals.

»Leg deinen Kopf in mich hinein«, haucht sie beschwörend. Er gehorcht, preßt sein Gesicht in ihre erwartungsvolle Glut. Sie schreit etwas. Er wundert sich noch, daß er sie kaum hört — jäh klingt sie wie aus weiter Ferne, kurz darauf ist sie verstummt.

Er braucht eine Weile, um zu begreifen, was geschehen ist:

Hals über Kopf ist er in sie hineingefallen. Er rappelt sich hoch, blickt sich in der finsteren Höhle um.

»Wer ist da?« ertönt eine Stimme von hinten.

Ein dunkler Schatten kommt direkt auf ihn zugewatet. »Was machen Sie hier?«

»Mich nur ein bißchen umschauen«, antwortet er verwirrt.

»Das ist gut«, sagt der andere Mann. »Vielleicht finden Sie meine Autoschlüssel … Da hinten steht mein Geländewagen. Wir müssen hier schnell raus. Ich nehm' Sie gerne mit.«

»Warum müssen wir hier schnell raus?«

»Tja, mein Freund — jeden Moment kann ihr Ehemann nach Hause kommen, und das ist 'n Brummi mit einem riesigen Hänger, kann ich dir flüstern …«

Wie wär's noch einmal mit einem typischen deutschen Fernsehwitz?

Frage: Was hängt in Afrika in den höchsten Bäumen, ist grün und wabblig, und selbst Tarzan schwingt sich in großem Bogen darum herum?

Antwort: Igittigitt, das ist der Sabber-Sabber von den Giraffen!

(Immerhin erst die zweite Wiederholung ...)

Jörg liebt Jutta, aber er hat's wirklich schwer mit ihr.

Der sportliche Ehrgeiz hat sie beide befallen, und bei jedem Hobbysport übertrumpfen sie sich gegenseitig — leider ewig mit ein und demselben Resultat: Jutta gewinnt!

Ob beim Marathonlauf, Tennis, Squash, beim Wettschwimmen, Gewichtheben, völlig egal, immer zieht Jörg den Kürzeren.

Im Waschraum des Sportvereins geht ihm nach einer erneuten Niederlage ein Licht auf. Schnell holt er seine Jutta, reibt sich die Hände.

»Wir machen Wettpinkeln«, verkündet er. »Wer am höchsten mit seinem Strahl kommt, ist der Sieger. Einverstanden?«

»Dann mal los«, nickt sie begeistert. »Ich fange an.«

Hose runter, Wasser marsch!

»Wenn's weiter nichts ist«, freut er sich über die Marke an der Wand. »Diesmal, Jutta, hast du keine Chance, wetten?«

Mit Siegeslächeln öffnet er seinen Hosenschlitz, stellt sich breitbeinig auf.

»Stop!« ruft Jutta hinter seinem Rücken. »Ich habe keine Hand dazu benutzt, also darfst du's auch nicht! Finger weg!«

Inlandsflug Frankfurt-Leipzig.

Joachim muß mal dringend. Nur noch die Damentoilette ist frei. Die Stewardeß erlaubt es ihm — unter einer Bedingung: »Drücken Sie ja nicht den WW-Knopf, den P-Knopf oder den ATE-Knopf! Kann ich mich darauf verlassen?«

Händeringend schwört er es, aber als er sich dann endlich erleichtert hat, wird er doch etwas neugierig. Kurzerhand drückt er WW.

Warmes, weiches Wasser umspült seinen Po, gefolgt von warmer Luft.

So schön war das, um so gespannter ist Joachim, was sich hinter P verbirgt.

Puder, wie er gleich darauf entzückt feststellt. Mit dem Daumen drückt er den ATE-Knopf.

»R-r-r-ratsch!« macht es, doch Joachim hört das schon nicht mehr…

Als er wieder aufwacht, liegt er im Krankenhaus. Eine Krankenschwester beugt sich zu ihm vor. »Sie haben WW gedrückt, nicht wahr?«

»Ja.«

»Und den P-Knopf?«

»Ja.«

»Und dann den ATE-Knopf, Sie Armer«, kommt es mitfühlend über ihre Lippen. »ATE steht für Automatischer Tampon-Entferner… Übrigens, Ihr Penis liegt dort in der Schale auf Ihrem Nachttisch.«

Mama stellt die Dusche ab, tritt durch den Vorhang.
Der sechsjährige Ollie platzt ins Badezimmer.
Bevor sie das Badetuch umwerfen kann, fliegt sein Zeigefinger vor.
»Was'n das?«
»Oh«, errötet Mama, »da wurde ich mal von einer Axt getroffen.«
»Tsss«, staunt Ollie außer sich, »genau in die Fotze?!«

Zum Schluß die Frage aller Fragen: Was sind schmutzige Witze?
Die Antwort aller Antworten:
Kleine freche Schamhärchen in den Zähnen des Lebens …

HEYNE BÜCHER

Cartoons

zum Schmunzeln

Eine vergnügliche Welt
voll spritzigen Humors.

01/8001

01/7778

01/8056

01/7961

01/7883

01/6854

01/7822

Wilhelm Heyne Verlag München

HEYNE BÜCHER

DEIX

Deix ist boshaft, provozierend und zynisch: „Von himmlischer Ordinärheit, ein wunderbarer Widerling.“
FAZ

01/7654

01/7837

01/7924

01/8026

Wilhelm Heyne Verlag München

JUBILÄUMSBAND HEYNE VERLAG

HEYNE BÜCHER

Erotische Romane,
in denen sinnliches Begehren,
Leidenschaft und Abenteuer
im Mittelpunkt stehen – prickelnd,
pikant, unwiderstehlich.

Heyne Jubiläumsband: Lust 50/40

Heyne Jubiläumsband: Erotik 50/15

Heyne Jubiläumsband: Sinnlichkeit 50/31

WILHELM HEYNE VERLAG
MÜNCHEN